Wolfgang Finze

Vorderlader-Gewehre

von
Parker-Hale

Hinweise für Sammler und Schützen

Meiner Frau gewidmet

Fotos sowie Layout und Covergestaltung vom Autor. Bilder ohne Quellenangaben entstammen dem Bildarchiv des Autors.

Bibliografische Information der Deutschen Nationalbibliothek:
Die Deutsche Nationalbibliothek verzeichnet diese Publikation in der Deutschen Nationalbibliografie; detaillierte bibliografische Daten sind im Internet über http://dnb.dnb.de abrufbar.

© 2025 Wolfgang Finze
Verlag: BoD · Books on Demand GmbH,
Überseering 33, 22297 Hamburg,
bod@bod.de Druck: Libri Plureos GmbH,
Friedensallee 273, 22763 Hamburg
ISBN: 978-3-8192-7962-1

Danksagungen

Es ist die angenehme Pflicht des Autors, all denen zu danken, die mit Informationen oder durch Überlassen von Daten und Bildern zum Zustandekommen dieses Buches beigetragen haben. Ohne dieses uneigennützig überlassene Material hätte dieses Buch nicht entstehen können.

Inhalt

Vorwort

Noch heute, mehr als 34 Jahre nach dem Ende ihrer Fertigung, genießen die von der Firma Parker-Hale hergestellten Gewehre einen legendären Ruf. Zwar werden sie inzwischen beim leistungsorientierten Vorderladerschießen deutlich weniger verwendet als vor 30 Jahren, dafür sind sie zu interessanten und gesuchten Sammlerstücken geworden. Und während der Schütze mit seinem Gewehr Höchstleistungen erbringen will, wünscht sich der Sammler eine möglichst vollständige und detaillierte Übersicht über die von Parker-Hale gefertigten Neo-Classiker. Gerade bei den erlaubnisfreien Vorderladern besteht aber die Möglichkeit, sportlich zu schießen und trotzdem zu sammeln.

Das Buch richtet sich vor allem an Sammler, ohne dabei die Interessen der Schützen zu vergessen. Wer allerdings hofft, hier die „ultimative Bestladung" für jedes Gewehrmodell von Parker-Hale zu erfahren, wird leider enttäuscht sein, denn das würde den Rahmen dieses Buches sprengen.

Die Firma Parker-Hale begann um 1972 mit der Herstellung von Vorderladern und stellte diese Fertigung 1989/90 ein. Alle Maschinen und die noch vorhandenen Halbfabrikate wurden an das US-Handelsunternehmen Navy Arms verkauft und landeten, ein gutes Jahrzehnt später, bei italienischen Büchsenmachern. Die fertigten aus diesen Teilen sowie aus auf Parker-Hale-Maschinen in Italien hergestellten Läufen die „zweite Generation" von Parker-Hale-Waffen.

Diese Buch behandelt ausschließlich die tatsächlich von Parker-Hale gefertigten Gewehre, also die sogenannte „erste Generation".

Die Gründe für das Ende der Produktion sind nicht bekannt. Wahrscheinlich gab es aber mehrere Gründe. Eine Verschärfung des Waffenrechts scheidet als Ursache aber aus, denn 1989/90 gab es keine Verschärfung.

Bereits vor der Produktionseinstellung zeichnete sich eine beginnende Marktsättigung ab. Hinzu kam, dass italienische und spanische Hersteller Vorderlader produzierten, die zwar qualitativ schlechter waren als die Waffen von Parker-Hale, aber deutlich preiswerter angeboten wurden. Viele Käufer, die nicht unbedingt das Ziel sportlicher Höchstleistungen hatten, griffen deshalb zu diesen preiswerten Waffen.

Annähernd zeitgleich zur Firma Parker-Hale stellten auch die Vollmer-Werke ihre 1976 begonnene Fertigung des „Vollmer-Feldstutzers" nach der Fertigung von nur 1278 Exemplaren ein.

Die Basis aller im Buch getroffenen Aussagen und Schätzungen ist eine Sammlung von Seriennummern und Beschussdaten. Hinzu kommen eine Analyse von Werbematerial der Firma Parker-Hale, zeitgenössische Artikel aus deutschen Waffenzeitungen, eigene Erfahrungen und die Erfahrungen vieler anderer Schützen und Sammler.

Unterlagen der Firma Parker-Hale des Birmingham Proof House standen leider nicht zur Verfügung.

Geschichte der Firma Parker-Hale

Die Firma wurde im Jahr 1880 in Birmingham von Alfred Gray Parker gegründet. Um 1900 nahm er seinen Neffen Arthur Thomas Corbyn Hale als Partner ins Unternehmen. Schwerpunkt der Produktion der ersten Jahre war vor allem hochwertiges Zubehör für die Reinigung und Pflege der Waffen.

1904 wurde die Firma in eine Kapitalgesellschaft umgewandelt. Die Anteile wurden von Angehörigen der Familien Parker und Hale übernommen.

Die britische Regierung unternahm nach dem Burenkrieg große Anstrengungen, nicht nur die Schießleistungen der Soldaten, sondern auch die der gesamten Bevölkerung zu verbessern und förderte deshalb das Interesse am Scheibenschießen mit kleinkalibrigen Waffen. Es gab Wettbewerbe und es entstanden neue Schützenvereine, was zu einem großen Bedarf an Kleinkaliberwaffen führte. Die Kleinkaliberwaffen wurden später vom britischen Verteidigungsministerium normiert (War Office Miniature Rifle). Die Firma Parker-Hale profitierte von dieser Entwicklung, auch, weil sie mit dem schon vor 1910 patentierten „parker-rifling" ein Verfahren entwickelt hatte, mit dem sich hochwertige Kleinkaliberläufe fertigen ließen.

Bei Beginn des ersten Weltkriegs stieg der Bedarf an Waffen für das militärische Training stark an. Da die Firma Parker-Hale passende Gewehre liefern konnte, erreichte die Firma eine volle Auslastung. Nach dem Krieg sank das Interesse an Waffen. Handel und Verkauf gingen deutlich zurück. Allerdings erholte sich die Firma relativ schnell von diesem Rückgang.

Um 1930 wurde die Firma von A.G. Parker & Co. Ltd.
in Parker-Hale Ltd. umbenannt.

Nach dem Ende des zweiten Weltkriegs brach auf
Grund des herrschenden Rohstoffmangels das Ge-
schäft zeitweise ein. Doch es gelang es der Firma, diesen Rückgang schnell zu überwinden. Sie begann
1950 mit der Fertigung von qualitativ hochwertigen
Gewehren mit Mauser-System in den unterschiedlichsten Kalibern und bot sie unter dem Namen „Sa-
fari" weltweit an. Daneben wurden Zielfernrohre und
hochwertiges Zubehör zum sportlichen Schießen gefertigt. Da man über moderne Maschinen zur Lauf-
herstellung verfügte, hatte Parker-Hale eine der besten Fertigungsstrecken für kalt geschmiedete Läufe.

1972 wurde die Fertigung von Vorderladern aufge-
nommen. Neben Jagdwaffen und Vorderladern fertigte
Parker-Hale auch Scharfschützengewehre wie das
M82 und das M85.

Einen ersten Rückschlag gab es 1985, als John le
Breton aus der Firma ausschied. Die Führung übernahm jetzt Roger Hale, ein Enkel des Firmengrün-
ders, der die Firma neu ausrichtete.

Geänderte gesetzliche Vorgaben und das Dunblane-
Massaker 1996 führten zu einer Krise der gesamten
britischen Waffenindustrie. Da das für eine notwendige Umstrukturierung der Firma notwendige Kapital
fehlte, wurde der Name „Parker-Hale" 1999 (nach anderen Angaben im November 2000) an die John Rot-
hery Co. Ltd. in Hampshire verkauft, die die Fertigung der meisten von Parker-Hale gefertigten Pflege-
produkte für Waffen fortführte, allerdings den Waf-
fenbau einstellte. Der heutige Schwerpunkt der Firma

liegt in der Herstellung von waffenspezifischem Zubehör und Reinigungsmitteln sowie der Parker-Hale-Zweibeine. Neben der Zentrale in Hampshire hat Parker-Hale Vertretungen in Deutschland und Österreich.

Historischer Hintergrund

Um zu verstehen, welche Vorderlader Parker-Hale herstellte, ist ein kurzer Blick auf das britische Militär der Jahre zwischen 1854 und 1865 hilfreich.

Britische Armeewaffen

Wie in anderen Staaten verwendete man auch in Großbritannien das Jahr der offiziellen Einführung einer Waffe als Modellbezeichnung. Eine „offizielle Einführung" bedeutete allerdings nicht zwangsläufig, dass die Waffe in diesem Jahr auch der Armee zur Verfügung stand. Eine 1853 offiziell eingeführte Waffe wurde als „Muster 1853" (englisch Pattern 1853) benannt und abgekürzt als P/53 bezeichnet, auch wenn sie erst 1854 oder 1855 tatsächlich an die Truppe ausgegeben und in der letzten Phase des Krim-Kriegs zum Einsatz kam.

Vom Gewehr P/53 gab es (nacheinander) vier Varianten (Modelle), wobei Kaliber, Zuganzahl, Drall und die Länge des Gewehrs unverändert blieben.

Das Gewehr P/53 hatte ein Kaliber von .577" (14,66mm), drei Züge und einen Drall von 78" (1,98m). Bis zum Fertigungsjahr 1858 hatten die Züge die konstante Tiefe von .014" (0,36mm), danach wurden Züge mit einer progressiven Tiefe verwendet; am Pulversack waren sie .015" (0,38mm) und an der Mündung .005" (0,13mm) tief. Dass die Züge am Pulversack tiefer waren als an der Mündung, hatte keinen Einfluss auf die Präzision, sondern sollte dafür sorgen, dass sich die Waffe auch nach etlichen Schüssen immer noch leicht laden ließ. Da sich das

Geschoss bereits bei der Zündung der Ladung in die Züge drückt, sollte es auf seinem Weg zur Mündung die im Lauf liegenden Pulverrückstände herausschieben. Man strebte an, dass sich die Waffe im Gefecht mindestens 100 Mal laden ließ, ohne dass Pulverrückstände das Laden verhinderten.

Das Modell P/53 hatte ein Treppen-Rahmen-Visier, ursprünglich eingeteilt bis 900 Yards, ab dem fourth Model bis 1000 Yards. Zumindest bei den ab 1858 gefertigten Gewehren waren die Teile untereinander austauschbar.

Das Gewehr P/53 war eines der besten Militärgewehre seiner Zeit und das mit Abstand am meisten gefertigte. Ob es wirklich das beste Militärgewehr seiner Zeit war, wie gelegentlich behauptet wird, ist eine Frage der Sichtweise. Beim niederländischen Vergleichstest von 1858/59[1] traf es zwar deutlich besser als das österreichische Lorenz-Gewehr, war aber dem bayerischen Podewils-Gewehr unterlegen.

Allerdings wurde beim niederländischen Test noch die ältere Patrone verwendet, denn die neue Patrone wurde erst im Laufe des Jahres 1859 eingeführt. Diese Patrone verbesserte die Präzision (wenn auch nur geringfügig), sorgte aber dafür, dass sich die Waffe auch bei längeren Feuergefechten problemlos laden ließ. Eine Eigenschaft, die aus militärischer Sicht besonders wichtig ist.

---

[1] Die Ergebnisse finden sich bei Plönnies „Neue Studien über die gezogenen Feuergewehre, Band 1".

a. Mittlere Abweichungen vom mittleren Treffpunkt aus.

b. Radien der Kreise, welche die beste Hälfte der Schüsse umfassen.

(Siehe die graphische Darstellung Fig. 10 und Fig. 11 der lith. Tafel.)

	Schritte zu 68 cm.												Einige Beobachtungen über seitliche Ablenkung durch den Wind.		
	100.	200.	300.	400.	500.	600.	700.	800.	900.	1000.	1100.	1200.	300.	900.	1100.
	m.	m.	m.	m.	m.	m.	m.	m.	m.	m.	m.	m.	m.	m.	m.
a.															
Schweizer Jägergewehr	0,076	0,091	0,155	0,190	0,272	0,304	0,333	0,496	0,536	0,811	0,871	0,895	0,60		7,4
Bayerisches Gewehr	0,067	0,105	0,207	0,301	0,316	0,384	0,529	0,525	0,733	0,330	1,020	1,350	0,70		7,0
Oesterreichisches Gewehr	0,130	0,250	0,440	0,582	0,670	0,743	0,210						0,73		
Enfield-Gewehr	0,094	0,174	0,259	0,344	0,471	0,556	0,730	0,690	0,823	1,180	1,250				
Whitworth-Büchse	0,068	0,136	0,228	0,300	0,287	0,402	0,433	0,563	0,400	0,958			0,50	1,86	8,5
Tirailleur-Gewehr Nr. 1	0,165	0,236	0,375	0,589	0,673	0,860	0,839	0,963	1,190	1,414			0,50		
b.															
Schweizer Jägergewehr	0,08	0,10	0,17	0,20	0,32	0,33	0,37	0,52	0,58	0,86	0,92	1,00			
Bayerisches Gewehr	0,06	0,10	0,21	0,33	0,37	0,43	0,57	0,60	0,82	1,24	1,25	1,97			
Oesterreichisches Gewehr	0,14	0,25	0,45	0,60	0,76	0,79	2,10								
Enfield-Gewehr	0,11	0,18	0,27	0,33	0,53	0,58	0,82	0,74	0,91	1,72	2,23				
Whitworth-Büchse	0,05	0,14	0,22	0,19	0,30	0,44	0,49	0,65	0,61	0,93					
Tirailleur-Gewehr Nr. 1	0,12	0,23	0,40	0,54	0,67	0,74	0,98	1,17							
Abmessungen des Scheibenbildes.															
Schweizer Jägergewehr. {Höhe.	0,22	0,33	0,50	0,61	1,11*)	1,20	1,23	2,43							
{Breite.	0,23	0,34	0,53	0,62	0,90	1,22	1,56	1,38	2,10						
Enfield-Gewehr {Höhe.	0,70	0,96	1,50	2,62	4,										
{Breite.	0,86	0,82	1,40	2,15	2,18										

NB. Starker Wind von der linken Seite, senkrecht auf die Flugbahn. (300.)

NB. Starker Wind von der linken Seite, schräg gegen die Schussrichtung. (900.)

NB. Starker Wind von der linken Seite senkrecht auf die Flugbahn. (1100.)

*) Für 100 Schuss aus dem Schweizer-Jägergewehr, welche binnen 2 Tagen ohne Reinigung des Laufs geschahen, waren die auf 500 Schritt erhaltenen Scheibenbilder kleiner als 1,1 m. hoch und 1,4 m. breit.

Einheiten wie die Rifle Brigade, die Cape Mounted Rifles, die Royal Canadian Rifles sowie die Sergeanten der Infanterie führten nicht das Modell P/53, sondern

Kurzgewehre (Short Rifle Muskets). Nacheinander waren vier unterschiedliche Muster von Kurzgewehren (P/56; P/58; P/60 und P/61) im Einsatz. Während das Laufprofil und die Wandstärke der Läufe der Kurzgewehre P/56 und P/58 dem des Armeegewehrs P/53 entsprachen (3 Züge, Drall 1:78"), wurden bei den Modellen P/60 und P/61 dickwandigere Läufe und das Laufprofil der Naval Rifle P/58 (5 Züge, Drall 1:48") verwendet.

Alle Kurzgewehre waren 48,75 Inches (124cm) lang, hatten eine Lauflänge von 33" (83,8cm), eine Bajonetthalterung, eiserne Beschläge und eine im Hinterschaft angebrachte Riemenöse.

Die Kurzgewehre nutzten nicht das Stichbajonett des Modells P/53, sondern ein langes, deutlich schwereres Schwertbajonett, (Yataghan-Bayonet P/ 56) das allerdings beim Bajonettfechten die dünnwandigen Läufe der Kurzgewehre P/56 und P/58 zu stark belastete.

Parker-Hale hatte in seinem Fertigungsprogramm keine Neufertigungen von Kurzgewehren.

Für die Bewaffnung der Kanoniere der Artillerie wurde das Musketoon P/61 eingeführt, das aber nur in geringer Stückzahl tatsächlich ausgegeben wurde.

Ausschließlich für die Bewaffnung der Kavallerie bestimmt wurde im Oktober 1861 ein Karabiner eingeführt, der ebenfalls als Pattern 1861 (P/61) bezeichnet wurde. Er unterschied sich optisch deutlich vom Musketoon P/61. Vom Karabiner P/61 gab es keine Neufertigung.

Im Jahre 1857 wurde in der Schießschule in Hythe ein Vergleichstest zwischen den Enfield-Gewehren (Kaliber .577") und dem Whitworth-Gewehr (Kaliber .451") durchgeführt. Dabei erwies sich das Whitworth-Gewehr eindeutig als die bessere Waffe und erreichte auf 110 Yards die gleiche Trefferleistung wie das Enfield-Gewehr auf 500 Yards.

Das folgende Bild[2] zeigt einen Vergleich der Trefferleistung des Gewehrs P/53 und des Whitworth-Gewehrs auf 500 Yards (ca. 470m).

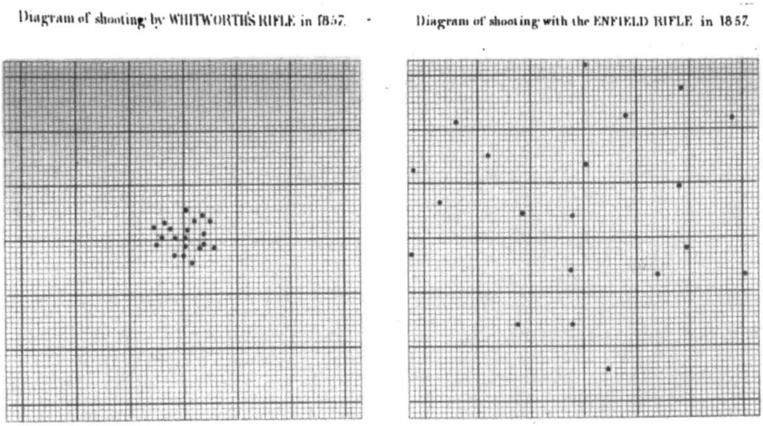

Diagram of shooting by WHITWORTH'S RIFLE in 1857.   Diagram of shooting with the ENFIELD RIFLE in 1857.

Trotzdem übernahm das Militär die Whitworth-Gewehre nicht, denn sie waren zu teuer. Ein Whitworth-Gewehr kostete 35 Guineas, während der Preis eines Enfield-Gewehrs zwischen 12 und 15 Guineas lag[3].

Einen erneuten Test gab es 1862. Vom Staat wurden 1000 Whitworth-Gewehre bestellt[4] und provisorisch

---

[2] The Story oft he Gun
[3] Busk, Hans: The Rifle and how to use it.
[4] Huggett, Jon: Knowing the Enfield Rifle

als Pattern 1862 eingeführt. 1863 wurde (ebenfalls wieder provisorisch) eine Short Rifle mit Whitworth-Profil eingeführt, von der 8.206 Stück gefertigt wurden.

Das Gewehr Pattern 1862 hatten einen 39" (99cm) langen Lauf und entsprach (bis auf die Visierung) dem Gewehr P/53. Das Whitworth-Gewehr Pattern 1863 hatte drei Laufbänder und unterschied sich damit auch optisch von den anderen Kurzgewehren. Seine Lauflänge betrug 33" (84cm); die Waffe war mit einem Leitervisier versehen.

Trotz der guten Schussleistungen wurden Waffen mit Whitworth-Profil in Großbritannien nie regulär als Armeewaffen eingeführt. Allerdings wurden einige wenige (zivil beschaffte) Whitworth-Gewehre im amerikanischen Bürgerkrieg von konföderierten Scharfschützen verwendet.

Das Gewehr P/53 wurde in vielen Staaten der Welt verwendet. Die größte Nutzung außerhalb des britischen Empire gab es im amerikanischen Bürgerkrieg. In der Unionsarmee war es das häufigste ausländische und das zweithäufigste Gewehr insgesamt. Die Enfield-Gewehre waren vor allem deshalb so beliebt, weil ihr Kaliber (.577") etwa dem US-Militärkaliber (.58") entsprach und deshalb aus den Enfield-Gewehren problemlos US-amerikanische Militärpatronen verschossen werden konnten. In anderen Staaten angekaufte Waffen mussten erst auf das amerikanische Militärkaliber geändert werden. Das betraf z.B. die ehemals österreichischen Lorenz-Gewehre, deren Läufe fast ausschließlich auf Kaliber .58" geändert wurden.

Im US-Bürgerkrieg wurden alle beschaffbaren Gewehre verwendet. Allerdings nutzten weder die „blauen" (Nordstaaten) noch die „grauen" (Südstaaten) originale britische Armeegewehre. Der britische Staat blieb neutral und lieferte keiner Seite Armeewaffen, erlaubte aber beiden Seiten, Gewehre in Großbritannien zu kaufen, fertigen zu lassen und sie (auf eigenen Schiffen) nach Amerika zu transportieren. Nicht alle dieser zivil gefertigten Gewehre hatten die Qualität der originalen Armeegewehre, wie zeitgenössische Berichte zeigen.

Erkennbar sind für Amerika gefertigte Waffen daran, dass ihre Läufe zivile britische Beschusszeichen und keine britischen militärischen Stempel tragen. Auf der Schlossplatte dieser Waffen fehlen die Krone und die Buchstaben VR, denn diese Waffen waren kein Eigentum der britischen Krone.

Die Volunteers

Zum Verständnis der Begriffe Volunteer (Freiwilliger) und „Volunteer-Gewehr" ist wieder ein Blick in die britische Geschichte notwendig.

Am 14. Januar 1858 gab es ein erfolgloses Attentat auf den französischen Kaiser Napoleon III. In Frankreich wurde schnell bekannt, dass die dafür verwendete Bombe in Birmingham gebaut worden war und die Attentäter Freunde in Großbritannien hatten. Da die britische Regierung diese Freunde aber weder an Frankreich auslieferte noch in Großbritannien vor Gericht stellte (sie hatten ja in Großbritannien keine Straftaten begangen), entfachte die französische Presse eine massive anti-britische Kampagne und drohte offen mit einer Invasion der britischen Insel.

Hier erkannte man schnell, dass man bei einer französischen Invasion so gut wie schutzlos wäre, denn die britische Armee stand überwiegend in den Kolonien. Nach längeren Überlegungen und nachdem die Times literarische Vorarbeit geleistet und am 09. Mai 1859 das Gedicht „Riflemen form!"[5] von Lord Tennyson veröffentlichte, wies das Kriegsministerium am 12. Mai 1859 die Behörden an, Freiwilligenverbände (Volunteer rifle corps) aufzustellen. Sie sollten das Land bei Angriffen von außen und bei Unruhen im Inneren verteidigen. Im Zusammenhang mit der Aufstellung der Freiwilligenverbände wurden die Behörden angewiesen, Plätze für deren Schießübungen auszuweisen. Da sich die Volunteers selbst als Scharfschützen sahen, bevorzugten sie die „Short Rifle". Im Ernstfall sollten die Volunteers vollständig mit Waffen aus Regierungsbeständen bewaffnet werden, deshalb mussten auch im Frieden mindestens $1/3$ der Volunteers Gewehre im Kaliber .577" führen. Nur für solche Waffen wurde vom Militär auch unentgeltlich Munition bereitgestellt.

Die Freiwilligen wurden militärisch ausgebildet[6] und gehörten nicht zur britischen Armee. Später (nach 1872) wurden sie nach und nach ins reguläre Heer eingegliedert.

Die Volunteer-Bewegung wirkte wie eine Initialzündung. War das sportliche Gewehrschießen vor 1860

---

[5] Text unter: https://americanliterature.com/author/alfred-lord-tennyson/poem/riflemen-form

[6] Ewitt, L.F.: Rifles and volunteer rifle corps, their constitution, arms, drill, laws and uniforms.

in Großbritannien nahezu unbekannt, gab es schon wenige Jahre später zehntausende hervorragend ausgebildete Schützen. Die besten Büchsenmacher Großbritanniens wetteiferten darin, präzise Gewehre für die Volunteers zu bauen.

Formal betrachtet ist ein Volunteer-Gewehr das Gewehr eines Volunteers. Allerdings müssen drei Gruppen von Volunteer-Gewehren unterschieden werden:

- Vom Militär für die Volunteers unentgeltlich bereitgestellte Militärwaffen Kaliber .577", bestimmt für den Einsatz, für Schießübungen und für Schießwettbewerbe.
- Von zivilen Herstellern nach militärischen Vorschriften gefertigte Gewehre im Kaliber .577", bestimmt für den Einsatz, für Schießübungen und für Schießwettbewerbe.
- Gewehre in anderen Kalibern (in der Regel .451"), bestimmt für Schießübungen und für Schießwettbewerbe.

Gewehre der zweiten Gruppe (überwiegend Gewehre der Ausführung „Short Rifle) entsprachen zwar im Wesentlichen den militärischen Vorgaben, wurden aber von zivilen Büchsenmachern gefertigt, hatten vielfach Fischhaut im Griffbereich und waren qualitativ oft hochwertiger als die regulären Militärwaffen. Da ihre Besitzer diese Waffen privat kauften, trugen sie auch keinerlei militärische Stempel.

Gewehre der dritten Gruppe waren Sportwaffen, die ausschließlich für Schießübungen und Wettbewerbe benutzt wurden. Allerdings wurden (in sehr! geringem Umfang und sofern sie verfügbar waren) solche Gewehre von konföderierten Scharfschützen im US-Bürgerkrieg verwendet.

Es hatte sich gezeigt, dass auf große Entfernungen das Kaliber der Militärgewehre (.577") zu groß und deren Visiere zu ungenau waren. Deshalb bevorzugte man für das Schießen auf große Entfernungen Waffen in einem kleineren Kaliber, wobei die Volunteers letztlich ein Kaliber um .45" und Geschosse von mindestens 450 Grain (ca. 30 Gramm) bevorzugten.

Damals wie heute sorgten die unvermeidbaren Verbrennungsrückstände des Schwarzpulvers für Probleme beim Laden. Deshalb suchten die Büchsenmacher nach Laufprofilen, die trotz der Rückstände ein leichtes Laden und ein präzises Schießen ermöglichten. Nicht nur Whitworth, sondern auch andere Büchsenmacher wie der schottische Büchsenmacher Alexander Henry setzten dabei auf polygonale Laufprofile. Während Whitworth ein Sechseck verwendete, nutzte Alexander Henry bei seinem im November 1860 patentierten Laufprofil ein Siebeneck.

Da die Schützen in Großbritannien auf größere Entfernungen schossen als auf dem Kontinent üblich war, wurden für die Volunteer-Gewehre auch besonders fein und vor allem reproduzierbar einstellbare Visiere entwickelt. Jeder Büchsenmacher stattete die von ihm gefertigten Waffen mit von ihm entwickelten Visieren aus, denn genormte Visiere gab es nur bei Militärwaffen bzw. nach militärischen Vorgaben gefertigten Zivilwaffen. Im Gegensatz zur heutigen Praxis waren, wie die folgende Karikatur[7] zeigt, anfangs

---

[7] Punch, August 1863

auch Dreipunkt-Visiere, bestehend aus Diopter, fein einstellbarer Kimme und Korn zulässig.

THE SMALL BORE MAN. WIMBLEDON, 1863.

Die National Rifle Association (NRA)

Im November 1859 wurde die britische National Rifle Association (NRA) gegründet. Sie sah es als ihre Aufgabe an, die Schießleistungen der Volunteers zu verbessern und das Gewehrschießen in ganz Großbritannien zu fördern. Deshalb organisierte sie Schießwettbewerbe und stellte Regeln für die bei solchen Wettbewerben zulässigen Waffen auf.

Der erste dieser Wettbewerbe fand 1860 in Wimbledon statt. Königin Victoria eröffnete das Schießen[8]

---

[8] The Illustrated London News, Juli 1860

und stiftete für den besten Schützen einen Preis von 250 Pfund[9].

Königin Victoria eröffnet den Wettkampf in Wimbledon 1860 und gibt den ersten Schuss ab.

Das eingespannte (und exakt justierte) Gewehr, mit dem die Königin den ersten Schuss (auf 400 Yards) abgab, war von Whitworth hergestellt worden. Der Treffer lag lediglich anderthalb Zoll außerhalb des Scheibenmittelpunkts. Es gibt ein originales (leider nicht lizenzfreies) Foto vom „Queens Target[10]". Von Roger Fenton (1819 – 1869), der dieses Foto machte,

---

[9] Ein britisches Pfund entsprach 7,32 Gramm Gold. Der ausgesetzte Preis entsprach damit 1.830 Gramm Gold, die heute (Februar 2025) einen Wert von etwa 149.000 Euro hätten.
[10] https://www.rct.uk/collection/2941855/the-queens-target-wimbledon

gibt es Bilder[11], die einige Schützen mit ihren Gewehren zeigen.

Auch die NRA stiftete, speziell für diesen Wettbewerb, eine Preismedaille[12].

THE NATIONAL RIFLE ASSOCIATION PRIZE MEDAL.

Anfangs ließ die NRA auf Wettbewerben nur Gewehre zu, die äußerlich den Militärgewehren glichen, einen Vollschaft, einen Ladestock und eine offene Visierung aufwiesen (*Military Match Rifles*).

Bald wurden diese Vorgaben geändert und auch Gewehre mit Halbschaft, Pistolengriff und Dioptervisierungen zugelassen (*Military Target Rifle*). Allerdings war auch bei diesen Gewehren immer noch eine offene Visierung und ein unter dem Lauf liegender Ladestock vorgeschrieben. Auch diese Vorgaben fielen bald, und so entstand die klassische britische Scheibenbüchse (*Sporting Target Rifle*).

---

[11] Leider ebenfalls nicht lizenzfrei
[12] The Illustrated London News, Juli 1860

Wie zeitgenössische Bilder[13] zeigen, wurde stehend freihändig nur auf kurze Distanzen geschossen. Auf größere Entfernungen schoss man dagegen sitzend oder liegend.

Sofern diese Bilder der Realität entsprechen, wurde der Trageriemen auch beim Liegend-Schießen nicht als Anschlag-Hilfe verwendet.

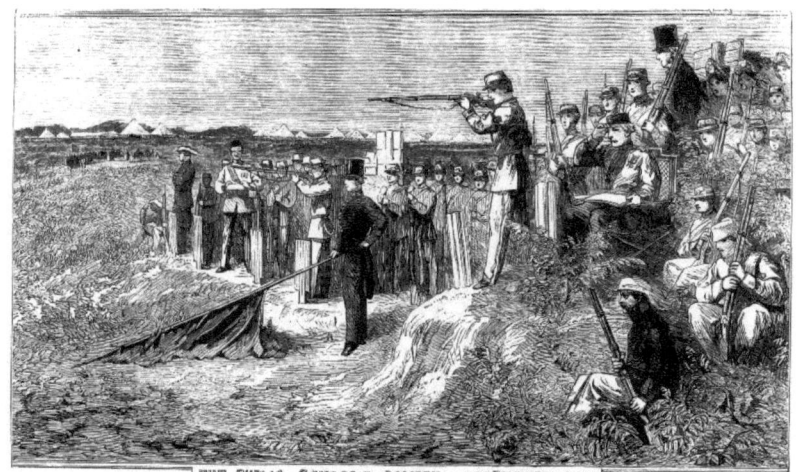

THE PUBLIC SCHOOLS MATCH : 200 YARDS RANGE

---

[13] The London Illustrated News, Juli 1863

THE COUNTIES' MATCH 600 YARDS.

Das Fertigungsprogramm

Etwa 1972 nahm die in Birmingham ansässige Firma die Fertigung von Vorderlader-Langwaffen auf und fertigte von 1972 und 1989/90 zwischen 31.000 und 32.000 qualitativ hochwertige Vorderlader-Gewehre. Sie wurden nicht nur in Großbritannien verkauft, sondern auch weltweit exportiert. Den größten Absatzmarkt bildete wahrscheinlich die USA.

Die bei Parker-Hale gefertigten Waffen gehören zu drei Modellfamilien.

Die Waffen der ersten Modellfamilie sind Nachbauten britischer Armeegewehre der Zeit zwischen 1853 und 1861. Da die Firma Zugang zum damals in Enfield vorhandenen „Q.A.D Pattern Room" hatte, konnte sie auf die gesiegelten Muster und die originalen Lehren der britischen Militärgewehre[14] zurückgreifen. So entstanden mit modernen Mitteln und Technologien gefertigte Waffen, die technisch teilweise zu 99,9% dem Original entsprachen. Viele Teile dieser Waffen waren mit den Originalen austauschbar.

Die zweite Modellfamilie bilden Gewehre Kaliber .451" in der Art der um 1860 in Großbritannien bekannten Volunteer-Gewehre. Zu dieser Modellfamilie gehört

---

[14] Die oft aufgestellte Behauptung, dass die Vorderlader Kaliber .577" auf originalen Maschinen oder mit originalen Werkzeugen gefertigt wurden, ist falsch.

auch ein Gewehr mit einem innen sechskantigen Laufprofil nach Whitworth.

In einer dritten Modellfamilie wurden (in wahrscheinlich eher geringer Stückzahl) auch Gewehre gefertigt, die zwar äußerlich (auch beim Visier) dem Musketoon P/61 bzw. der Navy-Rifle P/58 glichen, deren Lauf aber nicht gezogen, sondern innen glatt war.

Neben Neo-Classikern fertigte bzw. vertrieb die Firma das gesamte zum Vorderladerschießen notwendige Zubehör wie z.B. Reinigungs- und Pflegemittel, Zündhütchen, hochwertige Visierungen und Gießformen. Außerdem gab sie auch Anleitungen (z.B. zum Gießen von Geschossen) heraus, denn das Vorderladerschießen war damals in England kaum bekannt.

Das von Parker-Hale verkaufte Zubehör wurde, soweit es nicht selbst hergestellt wurde, bei anderen Firmen (wie z.B. Lyman) angekauft.

PARKER-HALE ACCESSORY PACK
Comprises specially designed bullet mould and handles. Young's Black Powder Solvent, hand-made brush and mop, 50 flannelette patches and spare nipple.

RIFLE FLASK BY JAMES DIXON & SONS, SHEFFIELD A3073C
Heavy copper flask covered in real Morocco leather with 5-set double shutter brass top, graduated from 50-70 grains. Made exclusively for Parker-Hale to a classic design.

SHOTGUN & RIFLE FLASK 7073S
Similar to Model A3073C but with single enclosed shutter top and 4-set nozzle, 2½ to 3 drams.

PARKER-HALE OIL BOTTLE AND CAP BOX
Beautiful, exclusive Britannia Oil Bottle with screw top and dipper. Elegant Britannia Cap Box with hinged lid : holds 250 winged musket caps. Both finished with a finely engraved crown and Parker-Hale monogram to match the design on the rifles.

PARKER-HALE YOUNG'S SOLVENT
An emulsifying cleaner, black powder solvent and rust preventer.

PARKER-HALE MUSKET CAPS
250 top quality, non-corrosive caps.

PARKER-HALE ENFIELD REPRO SNAP CAP
Essential protection. With brass chain and split ring.

PARKER-HALE BULLET MOULD HANDLES
Universal single cavity mould handles.

PARKER-HALE BULLET MOULD
Specially designed for best results with Enfield rifles. ·577 cal. 560 grain mould. Precision steel construction. Suitable for all ·58 cal. m/l weapons.

PARKER-HALE COMBINATION TOOL
Replica of the original and rare 8-Part Combination Tool. Essential equipment. Comprises screwdriver, nipple key, pricker, worm, chisel, bullet puller, oil bottle and main spring cramp.

PARKER-HALE LIMITED
BIRMINGHAM ENGLAND

Items not to scale

Gemeinsamkeiten alle Modelle

Alle bei Parker-Hale gefertigten Waffen weisen eine Reihe von Gemeinsamkeiten auf. Das fängt bei den

Schäften an. Sie bestehen aus abgelagertem Nussbaumholz und haben einen perfekten Ölschliff. Rechts auf dem Hinterschaft befindet sich bei allen Modellen ein runder Stempel mit dem Namen der Firma.

Schaftstempel

Allerdings gibt es aus den Jahren 1989 und 1990 auch Waffen, die diesen Stempel nicht tragen, obwohl sie einen britischen Beschuss haben und in den bei Parker-Hale üblichen Verpackungen geliefert wurden.

Die Läufe der von Parker-Hale gefertigten Vorderlader sind nur äußerst sparsam gestempelt. Der heute übliche Stempel „Black Powder Only" fehlt generell. Wenn die Läufe nicht aus dem Schaft genommen werden, sind lediglich die Herstellerangabe und die Seriennummer zu sehen.

PARKER-HALE LTD. BIRMINGHAM ENGLAND

Herstellerangabe

Die Herstellerangabe „Parker-Hale Ltd. Birmingham England" steht auch auf Waffen, die in Italien hergestellt wurden. Diese Waffen haben aber einen italienischen Beschuss. Ein weiteres Unterscheidungsmerkmal ist die Position des Herstellerstempels. Bei Läufen aus britischer Fertigung befindet sie sich zwischen dem Unterring und dem folgenden Ring, beim Modell P/61 zwischen der Kimme und dem Unterring. Bei in Italien gefertigten Läufen steht dieser Stempel zwischen Visier und Schwanzschraube.

Alle von Parker-Hale gefertigten Waffen haben einen britischen Beschuss. Das Beschusszeichen (BP = Birmingham Proof) steht auf der Schwanzschraube.

Britischer Beschuss (Birmingham Proof)

Die vollständigen Angaben zum Beschuss stehen auf der Laufunterseite und werden erst sichtbar, wenn der Lauf aus dem Schaft genommen wird. Auf der

Laufunterseite finden sich neben dem Beschusszeichen das (nominelle) Kaliber, die maximale Gebrauchsladung (nicht die Beschussladung) und das codierte Beschussdatum. Je nach Modellfamilie unterscheiden sich die Angaben zum Kaliber und zur maximalen Gebrauchsladung.

Stempelgruppe auf der Laufunterseite von Waffen im Kaliber .577, rechts codiert das Beschussjahr.

Stempelgruppe auf der Laufunterseite von Gewehren im Kaliber .451" rechts codiert das Beschussjahr.

Stempelgruppe auf der Laufunterseite eines glattläufigen Gewehrs, Kaliber .571" rechts codiert das Beschussjahr.

Bei in Italien gefertigten Waffen hat die Stempelgruppe ein anderes Aussehen und kann sich von Hersteller zu Hersteller unterscheiden.

Beispiel für Stempel auf der Laufunterseite einer italienischen "Parker-Hale"

Das Monogramm rechts und links wurde aus den Anfangsbuchstaben der Firmengründer Grassi, Doninelli und Gazzola gebildet.

Im Kapitel „*Wann wurde das Gewehr gefertigt*" wird die in Großbritannien verwendete Codierung des Beschussjahres erläutert und entschlüsselt.

Jedes Modell hat einen eigenen, mit 1 beginnenden Seriennummernbereich. Die Seriennummer steht auf der hinteren linken Seite der Laufwurzel. Bei Waffen mit einem Henry-Laufprofil wurde (nachdem anfangs rein numerische Seriennummern verwendet wurden) eine mit H beginnende Seriennummer gebildet, die jeweils mit H1 beginnt,

Die Seriennummern sind maximal vierstellig, lediglich beim Musketoon gibt es Seriennummern im fünfstelligen Bereich, die bis etwa 10500 gehen.

Da jedes Modell einen eigenen Seriennummernbereich hat, muss zur zweifelsfreien Identifikation einer

Waffe neben der Seriennummer die Modellbezeichnung angegeben werden.

Parker Hale führte, nachdem bis dahin die rein numerische Nummerierung bei den 2-Band-Volunteer-
Gewehren fortgeführt wurde, um 1981 eine mit 1 und
einem vorgestellten H beginnende Seriennummer ein.
Bei den 3-Band-Volunteer-Gewehren erfolgte eine
gleiche Änderung irgendwann Ende 1987/Anfang
1988.

Falls vor einer Seriennummer ein S gestempelt ist,
handelt es sich wahrscheinlich um eine Waffe mit
Glattlauf; allerdings ist nicht sicher, ob das S bei allen glattläufigen Waffen vor der Seriennummer steht.

**Seriennummer mit vorgestelltem S bei einem glattläufigen
Musketoon P/61**

Auch Seriennummern mit einem vorgestellten SA
können auftreten, bekannt ist eine solche Seriennummer auf einem 1986 beschossenen Musketoon in
einer Präsentationskassette.

Waffen mit deutlich fünfstelligen Seriennummern
wurden nicht von Parker-Hale, sondern von italienischen Herstellern gefertigt und gehören zur sog. zweiten Generation.

**Seriennummer einer in Italien aus PH-Teilen gefertigten und
in Deutschland von Hege vertriebenen Waffe**

Auch wenn diese Waffen der zweiten Generation von
sehr guter Qualität sind, erreichen sie nicht das Qua-
litätsniveau der Originale aus der ersten Generation.

Schlossplatte und Hahn sind bunt gehärtet und zum
Schutz der Bunthärtung mit einer dünnen Lack-
schicht überzogen. Je nach Grad der Benutzung
(entweder geschossen oder „bespielt") ist diese Lack-
schicht mehr oder weniger abgegriffen.

Auf der linken Seite der Schlossplatte tragen alle Waffen eine Krone, unter der die Buchstaben P-H stehen.

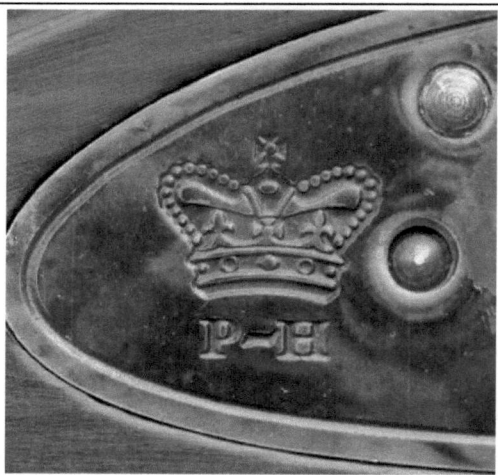

Die bei Parker-Hale hergestellten Neufertigungen der
britischen Militärgewehre hatten ein originalgetreu-
es[15] reibungsarmes Schloss mit Kette.

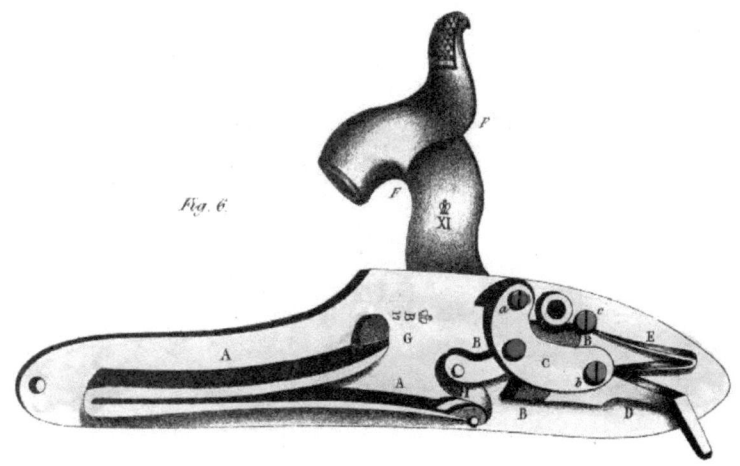

---

[15] Beide folgenden Bilder aus: „A Companion to the New Rifle
    Musket"

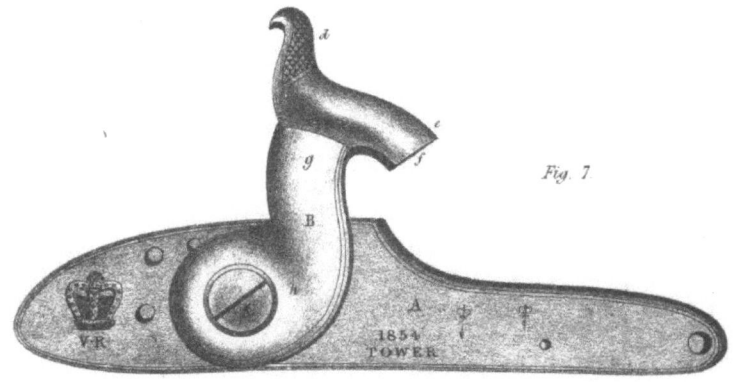

Innenansicht eines Schlosses der Gewehre im Kaliber .577"

Abweichend vom Original ist auf der Schlossplatte der Gewehre im Kaliber .577" nicht das Herstellungs- sondern das Modelljahr (also 1853, 1858 oder 1861) angegeben.

Schlossplatte einer Navy Rifle P/58, Kaliber .577

Die Neufertigungen der Militärgewehre haben, wie die Originale, keine Reinigungsschraube für den Zündkanal. Der Zündkanal wurde, wie auch bei den Originalen, mit Spezialwerkzeugen von innen gebohrt.

Alle Volunteer-Gewehre haben das gleiche Schloss. Es gleicht zwar äußerlich dem Schloss der Gewehre Kaliber .577", unterscheidet sich davon aber äußerlich durch die Beschriftung der Schlossplatte und innerlich durch die Fliege in der Nuss.

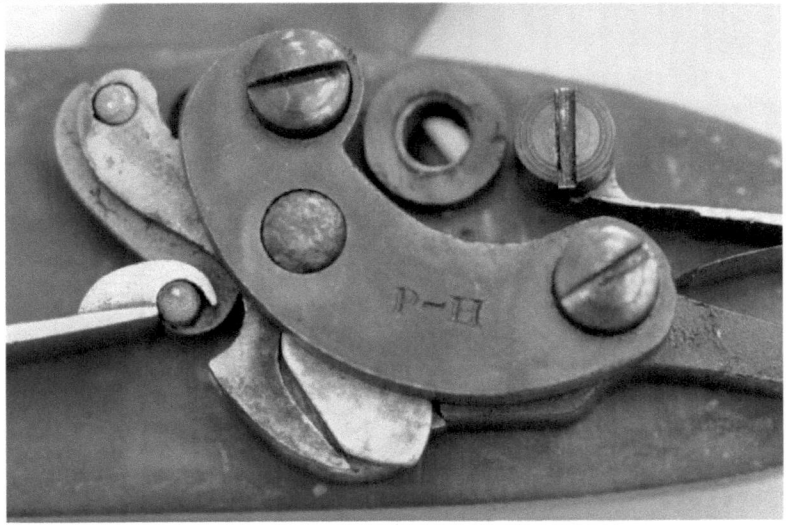

Innenansicht der Nuss eines Schlosses mit "Fliege"
für Waffen im Kaliber .451"

Die Fliege verhindert, dass der gespannte Hahn beim Betätigen des Abzugs in die Sicherungsrast fallen kann.

Die Schlossplatte der Volunteer-Gewehre trägt die Krone mit dem darunter stehenden P-H, aber keine Modellbezeichnung, sondern lediglich die Angabe „Parker-Hale".

Bei den ersten gefertigten Volunteer-Gewehren enthält der Pistonsockel noch keine Reinigungsschraube für den Zündkanal. Ursache dafür sind unterschiedlich konstruierte Schwanzschrauben. Auf die möglichen Schießleistungen hat das aber keinen Einfluss.

**Schlossplatte eines Volunteer-Gewehres ohne Zündkanal-
schraube.**

Später erhielten alle gefertigten Volunteer-Gewehre
eine solche Reinigungsschraube.

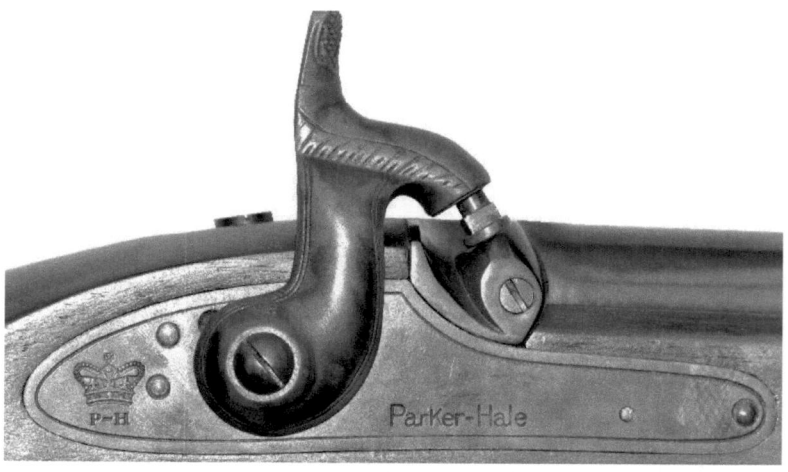

**Schlossplatte eines Volunteer-Gewehres mit Zündkanal-
schraube.**

Die Läufe wurden kalt gehämmert (cold forged) und
sind (auch innen) hochglänzend schwarz brüniert.
Der heute übliche Warnhinweis „Black Powder only"

fehlt. Neben der Seriennummer ist lediglich die Herstellerbezeichnung angebracht; weitere Stempel fehlen.

Wenn eine gebrauchte Waffe erworben werden soll, sollte unbedingt der Zustand des Laufes überprüft werden. Dabei geht es nicht nur um mögliche Korrosionsspuren im Lauf, sondern auch um aufgebauchte Läufe. Gerade bei Volunteer-Gewehren sind solche Aufbauchungen (die äußerlich nicht immer sichtbar sind) möglich. Ihre Ursache ist immer ein nicht tief genug gesetztes Geschoss.

Manchmal wurden solche Schäden durch einen eingesetzten Futterlauf repariert. Auch wenn der Futterlauf nicht an der Mündung erkennbar ist, zog er doch die Notwendigkeit eines Neubeschusses nach sich.

Alle bei Parker-Hale gefertigten Neo-Classiker haben Pistons der Größe .313x18. Passende Pistons (sowohl für kleine als auch für große Musketen-Zündhütchen) sind handelsüblich.

Zu jeder Waffe gehörte ab Werk ein mehrseitiges Faltblatt, in dem der Umgang mit der Waffe beschrieben wurde, angefangen beim Laden bis hin zum Reinigen. Üblicherweise sind diese Faltblätter in Englisch, es gab allerdings auch deutschsprachige Ausgaben.

BEDIENUNGS UND LADEANLEITUNG FÜR ENFIELD RIFLE MUSKET VON PARKER-HALE

LOADING AND MAINTENANCE INSTRUCTIONS FOR THE ENFIELD RIFLE BY PARKER-HALE

LOADING AND MAINTENANCE INSTRUCTIONS FOR YOUR PARKER-HALE MUSKETOON

PARKER-HALE VOLUNTEER
VORDERLADER GEWEHR KAL ·451

LADE- UND BEDIENUNGSANLEITUNG

Mit dem Parker-Hale Volunteer-Gewehr erhalten Sie das folgende Zubehör:

1 Kugelform Kal. .451 zum Gießen von 5 Grain (35,4 g) gegossen aus 99,9% reinem Blei
1 Kalibriermatritze und Stössel
1 Lochpfeife Kal. .451
1 Pistonschlüssel
1 Kupfer/Berillium Ersatzpiston
3 Visierblätter
2 Bronze-Reinigungsbürsten
3 Wollwischer.

BEVOR SIE MIT IHREM PH-VOLUNTEER VORDERLADER SCHIESSEN

Für Lagerung und Transport wurde Ihr Gewehr leicht eingefettet. Wischen Sie es äußerlich mit einem Tuch gut ab. Ziehen Sie den Lauf mit einem Reinigungslappen oder Wollwischer durch. Benutzen Sie dabei den Ladestock (er wird durch Federdruck festgehalten und ist einfach herauszuziehen) mit trockenem Wollwischer, oder indem Sie einen Leinenlappen rund um die mitgelieferte Bronzebürste wickeln.

N.B. Wir empfehlen Ihnen, immer einen Extra-Putzstock mit dem Enfield-Aufnahmegewinde für Bürsten (Parker-Hale 27 AL mit Kugellagerknopf) verfügbar zu haben, denn das beschleunigt Ihr Laden und Reinigen. Ladestockspitzen aus Messing, die auf den Putzstock 27 AL passen, haben wir verfügbar, falls Sie es vorziehen, Ihren Original-Ladestock im Gewehr zu lassen. Dies wiederum empfiehlt sich für eine optimale Schußleistung, da hierdurch gleichbleibende Spannung zwischen dem von der Fabrik sorgfältig eingepaßten Lauf und den Laufbändern gewährleistet ist.

Zu jedem Modell gab es passende Aufnäher (patches), die sich der Schütze auf seine Jacke oder Schießweste nähen konnte. Heute sind diese Aufnäher ebenfalls gesuchte Sammlerstücke. Hier zwei Beispiele:

Gewehre im Kaliber .577"

Im Kaliber .577" stellte Parker-Hale Nachbauten der Militärgewehre P/53; P/58 und P/61 her.

Musketoon P/61

Der erste bei Parker-Hale gefertigte Vorderlader war ein Nachbau des Artilleriekarabiners (Musketoons) P/61.

Masse	3,4 kg
Gesamtlänge	102 cm
Lauflänge	61 cm
Zuganzahl/Drall	5 / 1:48" (122 cm)"
Zugprofil	Progressivzüge, an der Mündung 0,005" tief, an der Schwanzschraube 0,013"
Visier einstellbar	Bis 600 Yards

Zwischen 1972 und 1974 wurden etwa 8.100 Exemplare gefertigt, bis zum Ende der Fertigung weitere 2.400 Stück, so dass insgesamt maximal 10.500 Exemplare gefertigt wurden. Die Analyse von Seriennummern und Beschussdaten zeigt, dass zwischen Ende 1974 und Anfang 1977 die Fertigung des Modells P/61 zumindest stark reduziert, wahrscheinlich unterbrochen, wurde. Nach 1980 wurde vermutlich nur noch eine sehr kleine Anzahl dieser Waffen gefertigt.

Die höchste vom Autor erfasste Seriennummer eines
Musketoons ist 10213.

Es ist anzunehmen, dass Parker-Hale ursprünglich
beabsichtigt hatte, lediglich eine limitierte Sammler-
edition zu fertigen. Ein von Parker-Hale und dem deutschen Importeur erarbeitetes Material stützt diese

---

Begrenzte Auflage

Nur eine limitierte Stückzahl der Karabiner wird gefertigt
werden, danach wird die Produktion beendet. Jeder Karabiner
hat seine eigene Nummer und wird mit einem Echtheits-
Zertifikat geliefert.

Vermutung.

Eine Sammler-Edition wäre durchaus sinnvoll gewesen, denn vom Musketoon P/61 wurden nur wenige
Exemplare ausgegeben, die meisten Waffen wurden in
den Arsenalen eingelagert und später in Hinterlader
umgebaut.

Möglicherweise war die Firma Parker-Hale vom Erfolg
des Musketoons selbst überrascht und nahm deshalb
seine Fertigung 1977 wieder auf.

Zu jedem Musketoon gab es neben dem Echtheitszer-
tifikat mit der Waffen-Nummer auch Zubehör, bestehend aus dem Nachdruck der 1859 erschienenen "In-
structions of Musketry", ein „Sergeants Tool", einen
Pistonschoner mit Kette sowie Bürsten für die Laufreinigung.

Zumindest in Deutschland gab es zeitweise Schwierigkeiten, das Sergeants-Tool zu liefern.

PARKER-HALE LIMITED

Leider war es uns unmöglich, mit dieser Enfield-Muskete das Mehrzweck-Werkzeug mitzuliefern. Alle Gewehre dieser Sendung wurden nummernmässig registriert.

Ihr Fachhändler, von dem Sie diese Muskete gekauft haben, erhält das fehlende Werkzeug, sobald es verfügbar ist, nachgeliefert.

Das Werkzeug hat als Zubehör keinerlei Einfluss auf die Funktion dieses Vorderladers. Wir bitten Sie einstweilen um Entschuldigung und bedauern die Ihnen verursachte Unannehmlichkeit.

Mai 1973

Wie von damaligen Erstkäufern aus Deutschland berichtet wurde, fehlte bei den spät gefertigten Waffen zumindest in Deutschland das Zubehör. Das wird (indirekt) auch durch die zeitgenössischen deutschsprachigen Werbeanzeigen bestätigt, bei denen der Hinweis auf das Zubehörpaket fehlt.

Die Firma H.Wilhelm Krueger in Hannover importierte alle von Parker-Hale gefertigten Vorderlader und machte im „Deutschen Waffenjournal" regelmäßig Werbung für diese Neo-Classiker. Der erste Hinweis[16] erschien im September 1973.

In Deutschland verfügbar war das Musketoon erst ab Mitte 1974. Wahrscheinlich wurde die erste Fertigungsserie vollständig in die USA exportiert, wo das kurze und führige Gewehr auch bei der Jagd eingesetzt wurde.

Auch in Deutschland fand das Musketoon wegen seiner ausgezeichneten Schussleistung schnell Freunde.

In einem Beitrag im Vorderladermagazin[17] schreibt Helmut Mohr (der Waffen von Parker-Hale matchreif überarbeitete), dass zumindest bis zur Fertigung

---

[16] DWJ September 1973
[17] Vorderladermagazin 1/1978, S.38

1974 das tatsächliche Kaliber des Musketoons .579"
(14,75mm) betrug. Eine Überprüfung an vorhandenen
Realstücken bestätigt das.

Parker-Hale empfahl in seiner Anleitung für das Musketoon eine Ladung von 70 Grain Pulver Fg oder FFg
und ein auf .575" kalibriertes 500-Grain-Geschoss
aus der Lyman-Kokille 575213.

In einer wahrscheinlich sehr kleinen Serie wurde eine
Sonderausführung des Musketoons in einer Holzkas-
sette gefertigt, gedacht als Siegerpreis bei Wettkämp-
fen. Die Kassette enthält neben dem Kombi-Tool einen Schraubenzieher, eine Ölflasche und eine passende Kokille. Der Schaft der in der Kassette liegenden Waffe trägt im Griffbereich eine Fischhaut und
auf dem Hinterschaft eine leere Plakette, auf die der
Name des Eigentümers graviert werden konnte.

Geschlossene Kassette

Geöffnete Kassette mit geöffneten Fächern

Bisher ist in Deutschland nur ein solches Ensemble bekannt.

Rifle Musket P/53

Parker-Hale begann vermutlich Anfang des Jahres 1974 mit der Fertigung der Rifle Musket Pattern 1853 (P/53).

Masse	4,1 kg
Gesamtlänge	139 cm
Lauflänge	99 cm (39")
Zuganzahl/Drall	3 / 1:78" (198 cm)
Visier einstell-bar	Bis 900 Yards

Aus technischer Sicht entspricht der Nachbau der P/53 in etwa der 4. Ausführung des Gewehrs P/53.

Zwischen 1974 und 1989/90 wurden ca. 7.000 Gewehre gefertigt. Die höchste erfasste Seriennummer ist 6863.

Zur Rifle Musket P/53 gehörte kein Zubehörpaket.

Blick in die Mündung einer P/53

Bei der Rifle Musket P/53 gibt es kleinere Abweichungen vom Vorbild. So wurde die Kimme nur bis
900 Yards eingerichtet, während sie beim vierten Modell bis 1000 Yards eingerichtet war. Außerdem besteht der Vorderschaft der Replika aus zwei mitei-
nander verleimten Teilen, beim Original war der
Schaft einteilig. Die Klebestelle im Vorderschaft ist
vom Unterring verdeckt und wird erst nach dem Aus-
schäften des Laufes sichtbar.

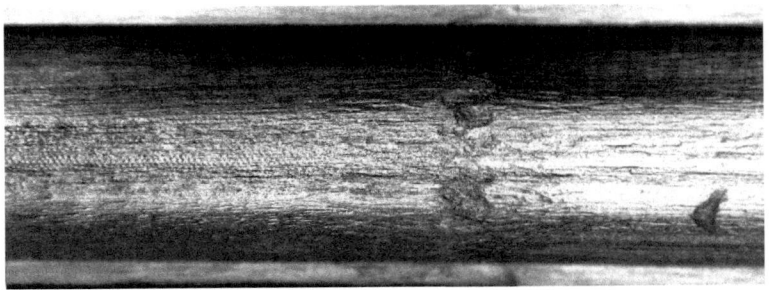

Angesetzter vorderer Teil des Vorderschafts

Parker-Hale empfiehlt in seiner Anleitung Ladungen zwischen 50 und 70 Grain Pulver der Körnung Fg oder FFg und ein auf .575" kalibriertes Geschoss.

Im schon genannten Artikel im Vorderladermagazin nannte Helmut Mohr für das tatsächliche Kaliber der P/53 folgende Werte: Alle Waffen hatten bis zur Seriennummer 1300 ein Kaliber von .579" (14,7mm), was (auf Basis der Beschussdaten) einer Fertigung im Jahr 1975, eventuell zum Jahresanfang 1976 entspricht. Erst bei danach hergestellten Waffen betrug das Kaliber .575" (14,6mm).

Die im Artikel angegebenen Seriennummernbereiche lassen vermuten, dass Parker-Hale Ende 1975/Anfang 1976 die Lauffertigung umstellte und etwas engere Läufe fertigte.

Im gleichen Artikel wurde angegeben, dass die Gewehre P/53 ab der Seriennummer 2500 einen Drall von 1:48" hätten. Für eine generelle Umstellung fehlen Belege. Vorhandene Realstücke mit Seriennummern deutlich größer 2500 haben einen Drall von 1:78. Wahrscheinlich wurde für den Export in die USA eine Sonderserie mit kurzem Drall gefertigt. Die Seriennummern dieser Waffen dürften zwischen 2500 und 2600 liegen. Möglicherweise wurde eine zweite Kleinserie im Seriennummernbereich um 6000 aufgelegt. Der Autor hat aber noch keines dieser Gewehre gesehen.

Trotz ihrer guten Schussleistungen stiegen viele Schützen von der dreizügigen Rifle Musket P/53 auf die kürzere Navy Rifle P/58 um. Neben der durch die veränderte Laufgeometrie bedingten besseren Schussleistung der P/58 trug dazu auch die Position der

Kimme bei, die sich bei der Rifle Musket P/53 etwa 4"
(10cm) näher am Auge befindet als die Kimme der
Navy Rifle P/58.

Die Navy Rifle P/58

Die Fertigung dieser Waffe wurde wahrscheinlich in
der zweiten Hälfte des Jahres 1974 aufgenommen.
Verfügbar waren Waffen dieses Modells in den USA
1975, in Großbritannien erst im Januar 1976.

Masse	3,86 kg
Gesamtlänge	123 cm
Lauflänge	84 cm
Zuganzahl/Drall	5 / 1:48" (122cm)
Zugprofil	Progressivzüge, an der Mündung 0,005" tief, an der Schwanzschraube 0,013"
Visier einstellbar	Bis 1100 Yards

Insgesamt wurden zwischen 1974 und 1989/90 etwa
8.000 Exemplare dieses Modells gefertigt. Die höchste
vom Autor erfasste Seriennummer ist 7983. Zur Navy
Rifle P/58 gehörte kein Zubehörpaket.

Parker-Hale empfiehlt in seiner Anleitung eine Ladung zwischen 50 und 70 der Körnungen Fg oder FFg
und ein auf .575" kalibriertes und etwa 500 Grain
schweres Geschoss.

Schon kurz nach ihrem Erscheinen wurde die Waffe wegen ihrer hervorragenden Schussleistung zum bevorzugten Sportgerät der leistungsorientierten Schützen.

Im weiter vorn schon erwähnten Artikel schreibt Helmut Mohr, dass die Läufe der Navy Rifle bis etwa zur Seriennummer 3.500 ein tatsächliches Kaliber von .579" (14,7mm) hatten. Erst danach betrug es .575" (14,6mm). Nach Informationen einiger Besitzer dieser Waffe haben Waffen aus der letzten Fertigungszeit wieder ein größeres Kaliber als.575".

Nach Aufnahme der Fertigung des Modells P/58 stellte Parker-Hale drei Neufertigungen von britischen Militärgewehren her, wie eine deutschsprachige Werbung von 1976[18] zeigt, in der auch Vorschläge für Ladedaten enthalten sind.

---

[18] DWJ September 1976

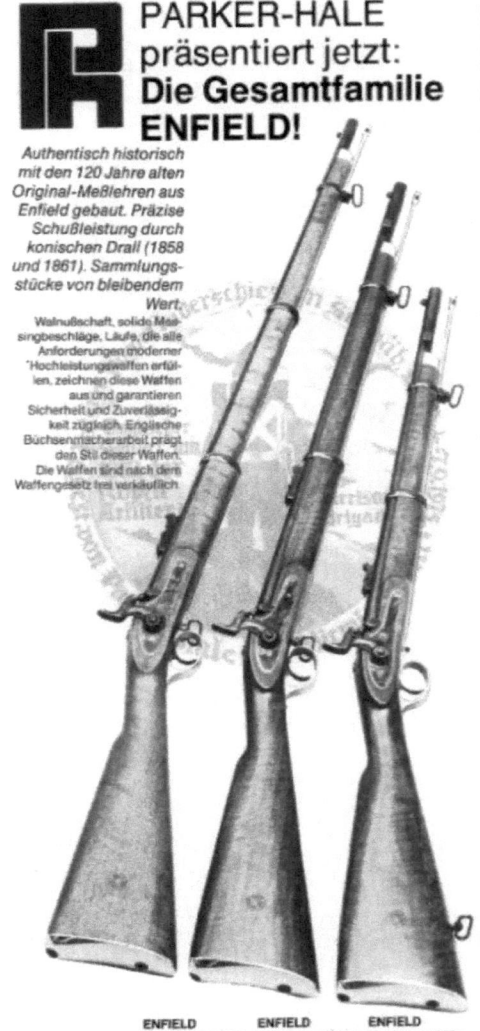

Volunteer-Gewehre Kaliber .451"

Etwa 1975 begann Parker-Hale mit der Fertigung von Volunteer-Gewehren im Kaliber .451". Diese Gewehre entsprachen den 1859 von der britischen NRA erlassenen Vorschriften, die besagten, dass Gewehre maximal 10 Pfund[19] wiegen und keinen Stecher aufweisen durften. Laufprofil, Visier und Kaliber waren frei, eine Bajonetthalterung war nicht gefordert.

Gewehre im Kaliber .451" waren, im Unterschied zu den Militärgewehren, nicht genormt. Sie wurden von Büchsenmachern auf Bestellung angefertigt. Deshalb handelt es sich bei den von Parker-Hale hergestellten Volunteer-Gewehren auch nicht um originalgetreue Neufertigungen historischer Gewehrmodelle, sondern, wie die Firma in einem wohl 1987 erschienenen Werbeblatt selbst angibt, um Waffen, die den Scharfschützen um 1860 erfreut hätten.

„.451 calibre Volunteer rifle which would have satisfied the Marksman of 1860"

2-Band-Volunteer

Von 1975 bis zur Einstellung der Fertigung wurden etwa 3.800 Volunteer-Gewehre mit 2 Laufbändern gefertigt, die optisch der Navy Rifle P/58 glichen und wie diese Messingbeschläge hatten. Allerdings hatten sie ein Kaliber von .451" und einen im Griffbereich mit Fischhaut verschnittenen Schaft. Auch die Bajonett-Halterung fehlte.

Die ersten etwa 1200 Volunteer-Gewehre hatten ein Laufprofil nach Rigby.

---

[19] 4536 Gramm

2-Band-Volunteer mit nachträglich montiertem Dioptersockel

Masse	4,1 kg
Gesamtlänge	126 cm
Lauflänge	84 cm (33")
Zuganzahl/Drall	8 / 1:20" (51 cm)
Zugprofil	Anfangs Rigby-Profil (8 Züge und Felder) später Henry-Profil (7 polygonale Züge, 7 kleine Felder in den Feld-Zug-Kanten
Visier einstellbar	Bis 1000 Yards

Blick in die Mündung eines Laufes mit Rigby-Profil

Wahrscheinlich bei allen Waffen mit Rigby-Profil war der Lauf unter der Schwanzschraube und unter den Ringen gebettet. In einem Parker-Hale-Newsletter[20] wird darauf ausdrücklich hingewiesen.

> *„Jedes Gewehr erhält Dreipunktbettung im Werk für gleichbleibende Treffpunktlage und Schußpräzision."*

---

[20] Deutsche Fassung der Parker-Hale Newsletter (tatsächlich auf Papier), herausgegeben vom deutschen Importeur Krüger. Auch als Werbung im DWJ 3/77 erschienen.

Parker-Hale Volunteer, Kal. .451

Military-Match-Vorderlader

Whitworth, Henry, Metford, Kerr, Rigby, Gibbs, L.A.C., Parker-Field, Turner, Crockart ... die berühmtesten und talentiertesten britischen Waffenbauer, haben alle auf der Höhe der Entwicklung von Vorderladergewehren Ihr Bestes aufgeboten, um hochpräzise und mit allen Raffinessen konstruierte Match-Gewehre zu produzieren. Das Anwachsen der Volunteer-Bewegung in Großbritannien nach 1860 und die freiwilligen Sportschützen waren nur zufrieden mit dem Allerbesten, das Ihnen die damalige Büchsenmacherkunst geben konnte. Großkalibrige .577-Gewehre waren für weitere Entfernungen nicht mehr treffsicher genug, die Abzüge waren zu rauh, die Visierung zu grob und die Schäfte zu simpel für die Ansprüche dieser Experten. Deshalb wurden kleinkalibrige Gewehre für die Volunteers von Büchsenmachern entwickelt, die überzeugende Konstruktion mit dem Sinn für Ästhetik der Kunsthandwerker zu kombinieren wußten.

Parker-Hale ist in die Fußstapfen dieser berühmten Männer getreten und hat ein Volunteer-Gewehr im Kal. .451 produziert, das die Sportschützen von 1860 zufriedengestellt hätte. Um Spiegelglanz und Verschleißfestigkeit zu erhalten, hat das Parker-Hale „Volunteer" einen kaltgehämmerten Lauf. Die acht breiten Züge werden nach dem Rigby-Patent bei einer Umdrehung von 20 Zoll (450 mm) eingebracht. Die Patentschwanzschraube mit sich auf einen kleineren Durchmesser verjüngenden Pulverkammer beschleunigt die Pulververbrennung und erhöht die Geschoßgeschwindigkeit des 540 Grain schweren Langgeschosses. Das besonders reichliche Zubehörpaket enthält eine Spezial-Kugelform, eine Kalibriermatrize für perfekten, strammen Sitz des Geschosses im Lauf – wichtig für die Schußgenauigkeit – einen Pistonschlüssel mit einem verbrennungsresistenten Ersatzpiston, eine Lochpfeife, einen Pistonschoner, Reinigungsutensilien und eine ausführliche Lade- und Bedienungsanleitung.

Die Visierung ist verstellbar: Ein Schwalbenschwanz-Perkorn mit offenem Treppenvisier, auswechselbaren Visierblättern für die Höhenverstellung, ermöglicht das Einschießen des Gewehres auf eine bestimmte Entfernung ohne Verstellen des Visierrahmens. Das Schloß vom Enfield/L.A.C.-Typ hat „schwebenden Gang", daher eine sehr feine Einstellung des Abzugswiderstandes für Matchschießen, und schaltet das Risiko aus, daß die Abzugstange in die Sicherheitsraste fallen kann.

Empf. LRP: DM
1.512

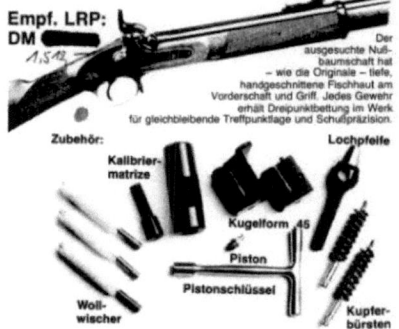

Der ausgesuchte Nußbaumschaft hat – wie die Originale –, handgeschnittene Fischhaut am Vorderschaft und Griff. Jedes Gewehr erhält Dreipunktbettung im Werk für gleichbleibende Treffpunktlage und Schußpräzision.

Zubehör:
Kalibriermatrize
Lochpfeife
Kugelform .45
Piston
Pistonschlüssel
Wollwischer
Kupferbürsten

Für Lagerung und Transport wurde Ihr Gewehr leicht eingefettet. Wischen Sie es äußerlich mit einem Tuch gut ab. Ziehen Sie den Lauf mit einem Reinigungslappen oder Wollwischer durch. Benutzen Sie dabei den Ladestock (er wird durch Federdruck festgehalten und ist einfach herauszuziehen) mit trockenem Wollwischer, oder indem Sie einen Leinenlappen rund um die mitgelieferte Bronzebürste wickeln.

N.B. Wir empfehlen Ihnen, immer einen Extra-Putzstock mit den Enfield-Aufnahmegewinde für Bürsten (Parker-Hale 27 AL mit Kugellagerknopf) verfügbar zu haben, denn das beschleunigt Ihr Laden und Reinigen. Ladestockspitzen aus Messing, die auf den Putzstock 27 AL passen, haben wir verfügbar, falls Sie es vorziehen, Ihren Original-Ladestock im Gewehr zu lassen. Dies wiederum empfiehlt sich für eine optimale Schußleistung, da hierdurch gleichbleibende Spannung zwischen dem von der Fabrik sorgfältig eingepaßten Lauf und den Laufbändern gewährleistet ist.

HERSTELLUNG VON GESCHOSSEN UND DÄMMPFROPFEN

Beste Schußleistung setzt größte Sorgfalt beim Kugelgießen voraus. Gießen Sie die Geschosse aus reinem Blei und wiegen Sie sie nach. Sortieren Sie alle zu leichten Geschosse aus, da sie wahrscheinlich nicht sichtbare Lufträume haben. Fetten Sie die Geschosse durch Eintauchen in eine Fettschmelze aus 75 % Talg und 25 % Bienenwachs bis zum oberen Rand der Schmierrillen und lassen Sie sie dann abkühlen. Die Mischung sollte bei geringer Hitze in einer flachen Schale geschmolzen werden. Sie richtet sich eigentlich nach der Temperatur beim Schießen, indem Sie an einem heißen Tag einen höheren Prozentsatz Bienenwachs enthalten, um ein vorzeitiges Weichwerden des Schmiermittels zu verhindern.

Nach dem Einfetten werden die Geschosse zur Kalibrierung durch die Kalibriermatrize gedrückt. Pressen Sie das Geschoß mit dem Geschoßboden zuerst mit dem mitgelieferten Stößel hindurch und achten Sie darauf, daß der Boden auf keinen Fall deformiert wird. Jetzt hat das Geschoß die perfekte Form für den Lauf, sitzt stramm und ist in den Geschoßrillen gefettet.

Um die Dämmpfropfen über dem Pulver vorzuladen, stanzen Sie etwa 1,5 mm (1/16") starke Pappe – wir empfehlen Bierdeckel – in die heiße Schmiermittelschmelze gelegt. Nach Abkühlung stanzen Sie die Pfropfen mit der .451 Lochpfeife heraus.

LADEN UND SCHIESSEN

(a) Feuern Sie 2 bis 3 Zündhütchen ab, damit Sie sehen, ob der Pistonkanal frei ist.
N.B. Lassen Sie den Hahn niemals ohne Zündhütchen oder Pistonschoner abschlagen.

(b) Laden Sie eine sorgfältig ausgemessene, vorzugsweise abgewogene Pulverladung. Wir empfehlen eine Ladung zwischen 60 und 90 Grain (4-6 g) Gewehrpulver mit der größten verfügbaren Körnung, z.B. FFg-Körnung. Feinkörnige Pulversorten sind für gute Resultate nicht zu empfehlen.
N.B. Ihr Volunteer-Gewehr hat eine Patentschwanzschraube mit einer sich auf kleineren Durchmesser als Laufdurchmesser verjüngenden Pulverkammer. Hierdurch werden die Verbrennungsgeschwindigkeit des Pulvers, der Gasdruck und damit die Geschoßgeschwindigkeit erhöht. Das Gewehr wird am besten funktionieren, wenn die Patentschwanzschraube sauber und frei von Rückständen ist. Achten Sie daher beim Laden darauf, daß der Wollwischer nicht in die Pulverkammer hineingepreßt wird, da dies zu feuchten Pulverrückständen im Verschlußendstück führt.

(c) Nach dem Laden des Pulvers wird ein gewachster Dämmpfropfen auf die Ladung gesetzt.

(d) Schrauben Sie einen Wollwischer auf den Ladestock und befeuchten Sie ihn leicht mit Wasser. Führen Sie diesen Ladestock auf den Dämmpfropfen und markieren Sie den Stock 1/4" (6,35 mm) über dem Laufaustritt. Hierdurch können Sie sich später beim Laden vergewissern, daß der Wollwischer nicht zu weit in die Pulverkammer hineingedrückt wird, wenn Sie den Ladestock bis zur angezeigten Marke im Lauf einführen.

(e) Führen Sie nun das Geschoß sorgfältig mit dem Geschoßboden in die Mündung ein, und setzen Sie es mit dem Ladestock auf den Dämmpfropfen. Durch Nachziehen des Geschosses können Sie es verletzen und seine aerodynamische Form beeinträchtigen. Markieren Sie Ihren Ladestock am Mündungsaustritt und vergewissern Sie sich anhand dieser Marke, daß jedes spätere Geschoß auf die gleiche Tiefe gesetzt ist.

(f) Ziehen Sie den Hahn auf halbe Spannposition zurück und setzen Sie ein Zündhütchen fest auf den Piston.

(g) Wenn Sie feuerbereit sind, nehmen Sie den Hahn auf die volle Anschlagposition zurück. Falls Sie Ihren Schaft während des Schießens schützen wollen, empfehlen wir, ihn unmittelbar um den Piston herum abzukleben. Anderenfalls wird das Holz durch den Zündstrahl des Perkussionshütchens versengt und unansehnlich.

(h) Feuern Sie zwei Probegeschosse, um den Lauf einheitlich zu verschmutzen und anzuwärmen.

(i) Merken Sie nochmals die Reihenfolge der Ladehandlungen nach dem ersten Schuß:
1. Laufreinigung mit feuchtem Wollwischer
2. Pulver laden (evtl. mit langem Ladetrichter für Spitzenergebnisse)
3. Gewachster Dämmpfropfen
4. Geschoß

(j) Experimentieren Sie mit den Pulverladungen, bis Sie die optimale Schußleistung für die gewünschte Entfernung haben.

(k) Eine Auswahl verschieden hoher Visierblätter befindet sich im Zubehör, so daß Sie Ihren Schützen auf die häufigste Schußentfernung, z.B. 100 m, einschießen können, ohne die Visiereinstellung zu verändern.
N.B. Kleinkalibrige Vorderlader mit Patentschwanzschrauben entwickeln hohen Gasdruck und führen nach einiger Zeit zur Errosion des Piston, zur Vergrößerung des Zündkanals, so daß der Gasdruck nach hinten beim Feuern Ihren Hahn auf die „half-cock"-Position (Ruheraste) schlagen kann. Überzeugen Sie sich daher regelmäßig vom Zustand Ihres Pistons und erneuern Sie ihn von Zeit zu Zeit.

Bettung unter Kreuzteil und Schwanzschraube

Bettung unter einem Laufring

Allerdings entsprach diese Bettung nicht den Regeln des internationalen Vorderladerverbandes MLAIC[21], in denen festgelegt ist:

> „Der Einsatz moderner Einbettungs-Vergussmassen, wie zum Beispiel jegliche Epoxide, entweder im Laufbett oder um das Einhakstück einzupassen, ist streng verboten."

Zwischen 1976 und 1981 wurden wahrscheinlich etwa 1.200 Gewehre mit Rigby-Laufprofil gefertigt. Die höchste dem Autor bekannte Seriennummer einer 2-Band-Volunteer mit Rigby-Profil ist 1150.

Um 1980/81 änderte man bei Parker-Hale das Laufprofil der Volunteer-Gewehre und verwendete jetzt ein

---

21 Regel 7.6 Feuerwaffen und Munition, Unterpunkt a IV

von Alexander Henry entwickeltes polygonales Profil (siebeneckiges Polygon mit 7 spitzen Zügen in den Ecken).

Blick in die Mündung eines Laufes mit Henry-Profil

Bei dieser Ausführung wurde auf die ab Werk vorgenommene Laufbettung verzichtet, dafür wurde, wie in der Anleitung vermerkt, der Schaft optimal an den Lauf angepasst. Der am Gewehr befindliche Ladestock sollte im Gewehr belassen und zum Laden ein separater Ladestock verwendet werden:

> *„Dies wiederum empfiehlt sich für eine optimale Schussleistung, da hierdurch gleichbleibende Spannung zwischen dem von der Fabrik sorgfältig eingepassten Lauf und den Laufbändern gewährleistet ist."*

Spätestens 1980 hatten alle Volunteer-Gewehre eine Reinigungsschraube im Pistonsockel.

Während man trotz des Wechsels des Laufprofils zunächst die bisherige Nummerierung fortsetzte (Seriennummern von etwa 1200 bis etwa 2000), wechselte man danach zu einer Nummerierung mit einem vorgesetzten H und begann eine neue Nummernfolge mit H 1.

Insgesamt wurden von Parker Hale etwa 2.600 Gewehre mit Läufen mit Henry-Profil gefertigt. Die höchste erfasste Seriennummer ist H1756 (Beschuss von 1989), wobei die ersten etwa 800 Exemplare noch eine Seriennummer ohne H hatten.

3-Band-Volunteer

Etwa ab 1986/87 fertigte Parker-Hale auch eine Volunteer Percussion Target Rifle mit Henry-Laufprofil, einem 36" langen Lauf und drei Laufringen. Die Waffe besitzt eine ausgezeichnete Schusspräzision, die der der Whitworth-Rifle nicht nachsteht.

3-Band-Volunteer mit nachträglich montiertem Diopter

Masse	4,1 kg
Gesamtlänge	133 cm
Lauflänge	92 cm (36")
Zuganzahl/Drall	7 / 1:20" (51 cm)
Zugprofil	Polygonales Henry-Profil

Von dieser Ausführung wurden wahrscheinlich etwa 2000 Exemplare gefertigt. Parker-Hale begann die Nummerierung wieder ohne ein vorgesetztes H, ehe zur Nummerierung mit vorgesetztem H übergegangen wurde. Die höchste erfasste Seriennummer ist H1173 (Beschuss von 1990). Die letzten 3-Band-Gewehre (Seriennummernbereich >1000) tragen nicht mehr den bekannten P-H-Rundstempel.

Es gibt eine auffällige Lücke in den Seriennummern der Volunteer Gewehre mit Henry-Laufprofil, denn es sind keine 2-Band-Volunteer-Gewehre mit Nummern zwischen H600 und H1200 bekannt. Andererseits gibt es 3-Band-Volunteer-Gewehre mit Nummern zwischen H606 und H1137. Das hat zu der Vermutung geführt, dass Parker-Hale zeitweise die Fertigung der 2-Band-Ausführung eingestellt und die Seriennummern zwischen H 600 und H1200 für die 3-Band-Ausführung verwendet hat. Auch wenn vieles für diese Vermutung spricht, sprechen die bekannten Beschussdaten der Waffen dagegen. Die Läufe der 2-Band-Volunteer-Gewehre mit den Nummern H1217 und H1267 wurden 1981 beschossen, die 3-Band-Volunteer-Rifle mit der Nummer H606 aber erst 1988, die mit der Nummer H1137 im Jahre 1990. Ohne Zugang zu Firmenunterlagen wird sich dieses Rätsel wahrscheinlich nicht aufklären lassen.

Gewehre mit Whitworth-Profil

Wahrscheinlich 1977 oder 1978 nahm Parker-Hale die Fertigung eines Vorderladers mit dem von Whitworth patentierten hexagonalen Laufprofil auf. Die ersten Whitworth-Gewehre wurden in die USA exportiert, auf den deutschen Markt kamen diese Gewehre erst 1978/79.

Whitworth-Gewehre tragen auf der linken Laufseite einen Stempel, der auf das Laufprofil hinweist:

Beschriftung links auf dem Lauf

Masse	4,1 kg
Gesamtlänge	133 cm
Lauflänge	92 cm (36")
Drall	1:20" (51 cm)
Zugprofil	Polygonales Whitworth-Profil

Insgesamt wurden etwa 1.100 Gewehre gefertigt, deren Seriennummern mit 1 beginnen. Die höchste vom Autor erfasste Seriennummer ist 1024.

Blick in die Mündung einer Waffe mit Whitworth-Profil

Parker-Hale empfiehlt in seiner Anleitung für Volunteer-Gewehre (unabhängig vom Laufprofil) Ladungen zwischen 60 und 90 Grain Pulver der Sorte Fg und ein 485 Grain-Geschoss, kalibriert auf .451".

Zubehör

Zu allen Volunteer-Gewehren (auch zum Whitworth-Gewehr) gehörte ein umfangreiches Zubehör-Paket, dessen Inhalt bei allen Volunteer-Gewehren (unabhängig vom Laufprofil oder der Ausführung) unverändert blieb. Im Paket lagen Wollwischer, eine Kalibrier-Matrize .451", eine Lyman-Kokille Kaliber .451", ein Piston-Schlüssel, ein Ersatz-Piston, ein Locheisen, Bronzebürsten und ein Satz Kimmenblätter unterschiedlicher Höhe. Mit diesen auf die Kimme zu schraubenden Blättern konnte der Schütze die individuelle Trefferlage seiner Waffe in Höhe und Seite leicht anpassen.

aufgeschraubtes Kimmenblatt

Blick in ein Zubehör-Paket

Zu den Whitworth-Gewehren gehörte ein Zubehör-Paket mit dem gleichen Inhalt wie bei den anderen Volunteer-Gewehren. Das Fehlen einer Gießform für hexagonale Geschosse war kein Mangel, denn der Druck, der beim Verbrennen der Ladung entsteht, sorgte dafür, dass sich das Geschoss an das Laufprofil anpasste. Das war schon um 1860 herum bekannt.

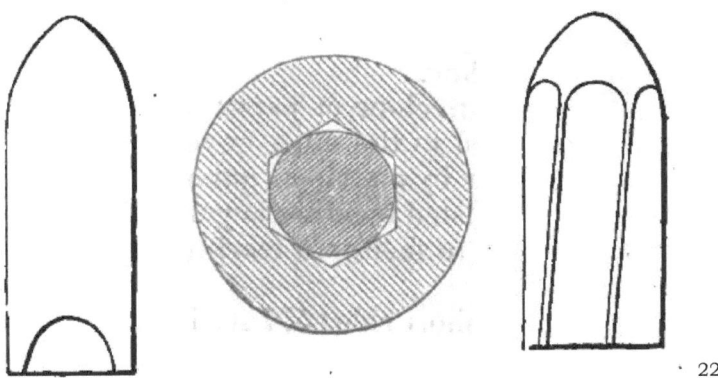

22

In einer großformatigen Anzeige[23] präsentiert der deutsche Importeur stolz das komplette Fertigungsprogramm, allerdings ohne Preise zu nennen.

---

[22] Text book on the Theory ...
[23] DWJ Oktober 1988

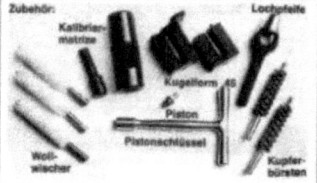

Glattläufige Gewehre

Glattläufige Gewehre werden zwar weder in den Werbeanzeigen der Firma Hoffmann noch in den Werbeblättern der Firma Parker Hale erwähnt; trotzdem wurden sie produziert. Wie viele hergestellt wurden, ist nicht bekannt. Allerdings dürfte ihre Zahl nicht sonderlich hoch gewesen sein. Ein Indiz dafür ist, dass zum Stempeln der Laufunterseite einzelne Schlagbuchstaben verwendet wurden, während bei gezogenen Waffen ein Prägestempel üblich war.

Alle Glattlauf-Modelle haben das Kaliber .571", als Gebrauchsladung wurden 2 Drams[24] Pulver hinter 3/4 Unzen[25] Schrot genannt.

Der Grund für die Fertigung glattläufiger Modelle lag wahrscheinlich im britischen Waffenrecht, das nur bei historischen Originalen einen freien Erwerb kennt und den Erwerb neu gefertigter Waffen nur mit einer Genehmigung (license) erlaubt. Genehmigungen für Waffen mit glatten Läufen sollen, dem Vernehmen nach, einfacher zu erreichen sein als solche für Waffen mit gezogenen Läufen.

---

[24] 1 Dram = 1,77 Gramm = 27,35 Grain
[25] 1 Unze = 28,35 Grammn

Umgang

Der Autor übernimmt keinerlei Haftung oder Garantieleistung für Schäden, die beim Umgang mit Vorderladern von Parker-Hale entstehen. Auch für alle hier vorgestellten Ladungen wird keine Haftung übernommen.

Schießen

Parker-Hale empfiehlt, beim Schießen den originalen Ladestock in der Waffe zu lassen.

Wenn die offene Visierung der Volunteer-Gewehre genutzt werden soll, sind gut ausgeleuchtete Stände und kontrastreiche Ziele notwendig, denn sonst ist das kleine Perlkorn nur schwer zu erkennen.

Unabhängig davon, ob man zwischen den Schüssen den Lauf reinigt oder nicht, sollte man vor einem Wettkampf mehrere Probeschüsse abgeben. Auch sollte man nicht zu schnell schießen, damit sich der Lauf nicht unnötig erwärmt.

Wenn sich ein Geschoss (auch mit kräftigem Druck) nicht auf die Ladung schieben lässt, sollte man nicht versuchen, es „herauszuschießen", denn das kann schnell zu einer Aufbauchung oder im Extremfall einem geplatzten Lauf führen. Deshalb muss ein steckengebliebenes Geschoss immer mit einem Kugelzieher aus dem Lauf gezogen werden.

Geschosse

Geschosse müssen aus reinem Blei gegossen werden. Legiertes Blei ist zu hart sowohl für das Aufweiten der

Hohlbodengeschosse als auch das Stauchen der Kompressionsgeschosse.

Für die gefertigten Vorderlader hatte Parker-Hale Geschossformen von Lyman und RCBS im Angebot. Folgende Geschossformen wurden von Parker-Hale empfohlen:

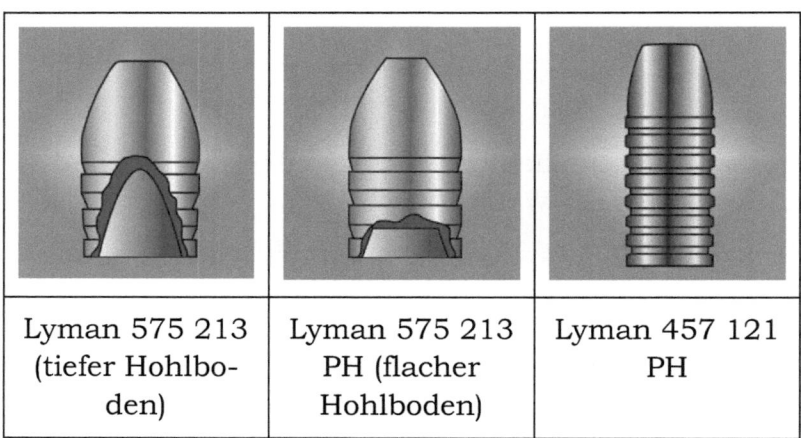

Lyman 575 213 (tiefer Hohlboden)	Lyman 575 213 PH (flacher Hohlboden)	Lyman 457 121 PH

Die Bleigeschosse müssen gefettet werden. Das Fett soll einerseits die Reibung im Lauf verhindern, andererseits sollen seine Rückstände dafür sorgen, dass die Pulverrückstände weich bleiben und sich keine harten Krusten bilden. Bewährt sind Mischungen aus einem Teil Bienenwachs und drei bis 5 Teilen Talg (am besten vom Schaf). Die Bestandteile werden (möglichst im Wasserbad) gemeinsam geschmolzen, wobei das Fett beim Erhitzen nicht rauchen darf.

Waffen im Kaliber .577"

Für Gewehre P/53 werden Geschosse aus der Kokille Lyman 575213 mit tiefem Hohlboden (Masse etwa 530 Grain) empfohlen, während für die Gewehre P/58 und P/61 ein Geschoss aus der Kokille Lyman

575213PH mit einem flachem Hohlboden (Masse etwa 560 Grain) empfohlen wird.

Beim Laden wird das gefettete Hohlboden-Geschoss ohne Zwischenmittel direkt auf die Ladung gesetzt.

Helmut Mohr empfiehlt, den Geschossdurchmesser annähernd gleich dem Felddurchmesser des Laufes zu wählen. Seine Empfehlungen lauten:

- Musketoon, P/53 und P/58 mit Laufdurchmesser .579": Geschossdurchmesser 14,7mm. Für P/53 aber ein Geschoss von etwa 530 Grain, während für die anderen beiden Modelle ein etwa 560 Grain schweres Geschoss besser ist
- P/58 mit Laufdurchmesser .575" (14,6mm), Geschossdurchmesser 14,55mm bis 14,57mm. Geschossmasse 560 Grain
- P/53 mit Laufdurchmesser .575" (14,6mm), Geschossdurchmesser 14,55mm bis 14,57mm, Geschossmasse 530 Grain.

Volunteer-Gewehre

Für die Volunteer-Gewehre (auch für Waffen mit dem Whitworth-Laufprofil) wird von Parker-Hale das Geschoss aus der Lyman-Kokille 457121PH empfohlen. Die Kokille gehört zum Zubehörpaket, das Parker-Hale allen Volunteer-Gewehren beilegte.

Beim Kalibrieren des Geschosses darf der Geschossboden nicht deformiert werden, kalibriert wird deshalb immer „Boden voraus".

Ladungen

Die hier vorgestellten Ladungen sind Empfehlungen. Sie können (und sollen) die Suche des Schützen nach der für ihn besten Ladung nicht ersetzen. Sie können ihm aber helfen, den Bereich für optimale eigene Ladungen schon vor dem Schießtest etwas einzugrenzen.

Waffen im Kaliber .577"

Die britische Armee nutzte für ihre Gewehre Papierpatronen, wie alle anderen Armeen dieser Zeit. Die Patrone war mit 2½ Drams (4,43 Gramm bzw. 68,4 Grain) Pulver der Sorte R.F.G. (Rifle Fine Grain) geladen und enthielt neben der Ladung das von Pritchett entwickelte Geschoss.

Die Körner des Pulvers R.F.G fielen durch ein Sieb mit 12 Maschen und blieben auf einem Sieb mit 20 Maschen liegen. Als Vergleich: Das Schweizer Schwarzpulver Nr.4 fällt durch ein Sieb mit 14 Maschen und bleibt auf einem Sieb mit 19 Maschen liegen.

Das Geschoss erreichte aus dem Gewehr eine Geschwindigkeit zwischen 360 m/s und 380 m/s und hatte eine Energie zwischen 2180 Joule und 2430 Joule.

Die Patrone wurde mehrfach überarbeitet und erhielt ihre endgültige Form nach 1859. Das Ziel der Überarbeitungen war eine Patrone, die es erlaubte, dass im Gefecht 100 Schüsse aus einer Waffe abgefeuert werden könnten und die in allen Klimazonen einsatzfähig wäre.

Um zu verhindern, dass das Patronenpapier bei längerer Lagerung der Patronen in heißen Klimazonen das Fett aufsaugte, wurde die Patrone nach 1859 nur noch mit Bienenwachs „gefettet"

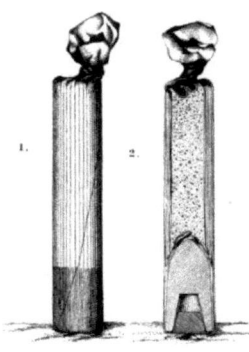

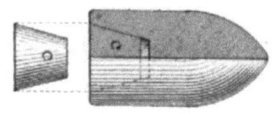

Patrone   Pritchett-Geschoss mit
                                     Holzkeil

Da heute beim sportlichen Vorderladerschießen andere Prioritäten gelten als damals beim Militär, sind im
Schießsport[26] Papierpatronen nicht üblich. Gleiches
gilt für das Pritchett-Geschoss.

Mohr empfahl für die von ihm überarbeiteten Geweh-
re P/53 Ladungen zwischen 45 Grain und 47 Grain
Schweizer Pulver Nr. 2 und ein gefettetes Minie-
Geschoss mit einer Masse von 472 Grain.

Einige Schützen empfehlen für das Musketoon P/61
für die 50m-Distanz eine Ladung von 42 Grain
Schweizer Pulver Nr. 3, für die Distanz 100m eine
solche von 65 Grain Schweizer Pulver Nr. 3, jeweils
hinter einem 585 Grain (etwa 38 Gramm) schweren
Minie-Geschoss. Diese Ladung wird auch für die Navy
Rifle P/58 empfohlen.

---

[26] Beim Reenactment sind die Verhältnisse anders, wenn Authen-
tizität gewünscht wird. Informationen und Anleitungen zu Papierpatronen finden sich im Buch „Papierpatronen: für Musketen und Vorderlader-Dienstgewehre", ISBN 978-3754384428).

Allerdings soll beim Gewehr P/58 eine Ladung von 57 Grain Schweizer Pulver Nr. 2 hinter einem Hohlbodengeschoss mit flachem Boden sehr präzise sein.

Volunteer-Gewehre

Wenn man historische Ladungen für Volunteer-Gewehre betrachtet, sollte man bedenken, dass die Volunteer-Gewehre früher für das Schießen auf große Entfernungen bestimmt waren. Da solche Entfernungen heute nicht mehr möglich sind, lohnt es sich durchaus, mit Ladungen und Geschossgewichten zu experimentieren, die deutlich unter den damaligen Empfehlungen liegen.

Selbst bei den (wenigen) Ständen, die in Deutschland ein Schießen auf 300m (328 Yards) ermöglichen, stehen bei den üblichen Ladungen die Blenden zu tief, um die Möglichkeiten der Volunteer-Gewehre ausreizen zu können. Natürlich kann man die Ladungen noch bis in die Größenordnung von 90 Grain erhöhen, aber der Rückstoß der Gewehre wird auch bei Ladungen um 60 Grain von vielen Schützen schon als sehr unangenehm empfunden.

Parker-Hale empfiehlt in seiner Bedienungsanleitung Ladungen zwischen 60 und 90 Grain Schwarzpulver der Körnung Fg. Der vorgeschlagene Ablauf[27] beim Laden eines Volunteer-Gewehrs ist:

- Einfüllen der Ladung mit einem langen Trichter.
- Auf das Pulver wird eine einseitig gefettete Filzscheibe gesetzt (die nicht gefettete Seite Richtung Pulver).

---

[27] Parker-Hale Newsletter und Ladeanleitung

- Auf die mit der Scheibe abgedeckte Ladung wird der Lauf zweimal gewischt. Erst mit einem leicht feuchten (nicht nassen!) Patch, dann mit einem trockenen Patch.
- Das gefettete und kalibrierte Geschoss wird gesetzt. Dabei sollte das Geschoss zwar nicht von allein in den Lauf fallen, das Gewicht des Ladestocks sollte aber ausreichen, es bis auf die Ladung zu schieben. Eine entsprechende Markierung am Ladestock, die zeigt, ob das Geschoss wirklich tief genug gesetzt ist, ist hier sehr hilfreich.
- Empfohlen wird, vor dem Wettkampf mindestens 2 Probeschüsse abzugeben, damit der Lauf gleichmäßig verschmutzt ist.

Einige Schützen empfehlen anstelle der Filzscheibe eine Scheibe aus stabilem Karton (z.B. Bierdeckel), da ihrer Meinung nach die weiche Filzscheibe die Stauchung des Geschosses behindert, was neben schlechten Schussleistungen auch zu einem verbleiten Lauf führt.

Es ist wichtig, dass der Geschossboden nicht deformiert und fettfrei ist. Die Papp- bzw. Filzscheibe darf nicht am Geschossboden kleben. Solche „angeklebten Scheiben" können zu üblen Ausreißern im Trefferbild führen. Als Trennmittel bewährt hat es sich, eine Scheibe Zeitungspapier zwischen Geschossboden und Pappscheibe anzuordnen.

Neben den in den Anleitungen von Parker-Hale genannten Ladungsvorschlägen gibt es eine ganze Reihe von Vorschlägen, die von erfahrenen Schützen kommen. Vor 1864 war Capt. Heaton einer dieser Schützen. Seine Erfahrungen beim Schießen mit den unterschiedlichsten zeitgenössischen Gewehren fasste er in seinem 1864 erschienenen und auch heute sehr lesenswerten Buch „Notes on rifle shooting" zusammen. Im Buch[28] finden sich viele Tipps zum Schießen und zum Umgang mit den Gewehren, die auch heute noch jeder Schütze unbedingt beherzigen sollte.

Gleiches gilt für die von Heaton bevorzugte Verwendung grobkörniger Pulver. Heaton verwendete überwiegend das Pulver Curtis&Harvey Nr. 6. Es bestand aus Körnern zwischen 1,3mm und 1,8mm[29], und entsprach nach heutiger Bezeichnung einem Pulver der Körnung Fg.

Heatons Ladungen dagegen sollte man heute nicht 1:1 übernehmen; auch, weil die damals verwendeten Komponenten (Pulversorten und Geschosse) heute nicht mehr verfügbar sind.

Hinzu kommt: Die 1864 von Heaton verwendeten Büchsen entsprachen weder beim Drall noch bei der Visierung den von Parker-Hale gefertigten Volunteer-Gewehren.

Reinigen

Man sollte Vorderlader möglichst bald nach dem Schießen reinigen. Ist das nicht möglich, empfiehlt es sich, den Lauf innen mit einem geeigneten Öl einzusprühen. So verhindert man, dass die Pulverrückstände Feuchtigkeit aus der Luft aufnehmen und sich so korrosiv wirkende schweflige Säure bildet. Aller-

---

[28] Als Reprint bei amazon im Angebot
[29] Quelle: Das Gewehr der Gegenwart und Zukunft: Hannover 1883

dings muss das Öl vor dem nächsten Schießen vollständig entfernt werden, da sonst Zündprobleme auftreten können.

Reinigen war auch schon „damals" eine „schmutzige Angelegenheit", wie hier[30] zu sehen ist. Bemerkenswert ist, sofern die Karikatur die damalige Realität widerspiegelt, dass der Lauf zum Reinigen der Waffe nicht aus dem Schaft genommen wurde.

Wird der Lauf beim Reinigen nicht aus dem Schaft genommen, ist zum Reinigen ein sog. „Reinigungspiston" hilfreich, das anstelle des Pistons eingeschraubt wird.

Wurde der Lauf zum Reinigen aus dem Schaft genommen, sollte man beim Zusammenbau nach dem Einlegen des Laufes die Ringe lose aufsetzen und dann das Gewehr mit dem Kolben kurz aufstoßen,

---

[30] Punch, 21. Juli 1860

damit sich der Lauf optimal in das Laufbett legt. Dann werden die Schrauben der Ringe handfest angezogen und zum Schluss die Kreuzschraube eingesetzt.

Die Kraft, mit der die Schrauben der Ringe und die Kreuzschraube angezogen wird, beeinflusst die Trefferlage. Darauf wurde auch in einer von der Firma Krueger&Co. verfassten Werbeanzeige[31] hingewiesen:

„Ein verbessertes Schussbild und eine veränderte Trefferlage können Sie durch Lösen der Kreuzschraube (1/2 Umdrehungen) und Anziehen der Bänder erreichen."

Mögliche Verbesserungen

Auch die von Parker-Hale gefertigten Vorderlader lassen sich verbessern. Zuerst sollte das Abzugsgewicht kontrolliert werden. Ist es zu hoch, muss das Schloss überarbeitet werden, wobei aber (je nach Einsatzfeld) die unterschiedlichen Forderungen der Sportverbände berücksichtigt werden müssen.

Falls die Trefferleistung schlecht ist oder es in sonst guten Gruppen immer wieder Ausreißer gibt, sollte zunächst die Kraft verändert werden, mit der die Laufringe und die Kreuzschraube angezogen sind.

Lässt sich das Problem auf diese Art nicht lösen, kann eine Laufbettung Abhilfe schaffen. Sie sichert, dass der Lauf auch nach dem Anziehen aller Schrauben spannungsfrei im Schaft liegt. Im Schaft sollte es keine Hohlräume geben. Das gilt auch unter der Schwanzschraube und deren Kreuzteil.

---

[31] Deutsches Waffenjournal 1974 Nr. 4, S. 701

Gibt es dort (oder unter den Ringen) Hohlräume, muss der Lauf gebettet werden, denn sonst wird sich der Lauf beim Anziehen der Schrauben verspannen. Das Ziel einer Bettung ist immer, dass der Lauf auch nach dem Anziehen der Ringe und der Kreuzschraube spannungsfrei bzw. an allen Stellen mit gleicher Spannung im Schaft liegt. Soll die Waffe beim internationalen Vorderlader-Verband verwendet werden, sind für eine Bettung nur Mittel und Verfahren zulässig, die auch schon um 1860 bekannt waren, d.h. Papier und Knochenleim. Kunstharz, Acryl und Glasfasermatte sind unzulässig.

Um zu ermitteln, wieviel Bettung angebracht ist, kann man Streifen aus Ölpapier (oder auch Packpapier) unter die Schwanzschraube legen. Ziel ist, dass die Schwanzschraube fest im Lauf liegt, ohne dass dabei der Pistonsockel auf der Schlossplatte aufliegt. Zwischen Pistonsockel und Schlossplatte muss nach der Bettung ein kleiner (nicht größer als 0,1mm, besser weniger) Zwischenraum sein. Danach wird der Zwischenraum unter den Ringen auf die gleiche Weise verringert. Dabei muss die Laufoberfläche mit einem geeigneten Trennmittel versehen sein!

Die Papierstreifen werden dann mit Knochenleim fixiert, wobei der Knochenleim so dünn aufzutragen ist, dass nicht neue Verspannungen entstehen.

Preisentwicklung

Die Preise von Parker-Hale-Gewehren lagen immer im oberen Preissegment. So nannte 1976 die Firma H.Wilhelm Krüger&Co. folgende unverbindlichen Preisempfehlungen:

- Enfield Rifle Musket 1853   768 DM
- Enfield Navy Rifle 1858   697 DM
- Enfield Musketoon 1861   680 DM

Was das für Preise waren, lässt sich ermessen, wenn man sie in Relation zum Brutto-Durchschnittslohn[32] setzt, der 1976 für einen vollbeschäftigten Mann 1097 Euro bzw. 2.156 DM betrug.

Die Firma Helmut Mohr bot im Januar 1978[33] eine überarbeitete Navy-Rifle (mit Kokille und Kalibrierer) für 940 DM an. In einem VISIER-Artikel[34] von 1989 wurden dafür 1548 DM genannt.

Mohr bot 1978 ein Volunteer-Gewehr (mit komplettem Zubehör) für 1050 DM an.

Im Waffen-Digest von 1987 findet man folgende Richtpreise:

- Musketoon P/61   888 DM
- Navy Rifle P/58   1150 DM
- Rifle Musket P/53   1228 DM
- Volunteer Rifle   1512 DM
- Whitworth-Rifle   1512 DM

---

[32] Zahlen aus: Durchschnittliche Bruttomonatsverdienste, Zeitreihe - Statistisches Bundesamt
[33] DWJ 1978 Nr. 1
[34] VISIER 1989 Nr. 9

Die folgende Tabelle zeigt die zwischen Januar 2020 und Februar 2025 auf einer bekannten Auktionsplattform erreichten Preise (Anzahl der Verkäufe, Durchschnittspreis, minimaler Preis, maximaler Preis).

Modell	Verkäufe	Durchschnitt	Minimum	Maximum
P/61	53	898,79 €	500,00 €	1.460,00 €
P/53	22	1.101,76 €	501,00 €	2.002,00 €
P/58	54	1.027,37 €	506,00 €	2.220,00 €
2-Band-Volunteer	30	1.127,71 €	525,00 €	1.710,00 €
3-Band-Volunteer	4	1.003,89 €	664,00 €	1.605,00 €
Whitworth	3	1.913,70 €	1.121,11 €	2.510,00 €

Wann wurde das Gewehr gefertigt

Für den Sammler ist es interessant zu wissen, wann sein Vorderlader gefertigt wurde. Da Parker-Hale auf den Waffen kein Fertigungsjahr angegeben hat, hilft hier das Beschussdatum des Laufes. Allerdings ist das Beschussdatum erst dann sichtbar, wenn der Lauf aus dem Schaft genommen wird.

Das Beschussdatum ist codiert. Das Schema der Codierung ist bekannt. Folgendes Schema wurde verwendet:

1950 – 1974	Zwei gekreuzte Zepter, der linke Buchstabe (A bis Z) ist der Jahrescode, der Buchstabe I wurde nicht verwendet. A – 1950; B – 1951; .... Y – 1973; Z – 1974 **Achtung**: 1952 wurde nicht nur regulär C –B, sondern auch B - C gestempelt	Y B 1
1975 - 1984	Ein Kreis, der links stehende Buchstabe (A bis K) ist der Jahrescode, der Buchstabe I wurde ausgelassen.	B B 1

	Alternativ war eine Stempelform gebräuchlich, die im Kreis drei abgeteilte Felder hatte. Wieder gibt der linke Buchstabe das Jahr an. A – 1975; B – 1976; .... H – 1982; J – 1983; K – 1984 **Achtung**: 1977 wurde auch B - C gestempelt	
1985 - 1997	Ab 1985 wurde wieder die zwischen 1950 und 1974 übliche Stempelform verwendet, allerdings mit einem rechts stehenden C. Links steht der Jahrescode (L bis Z), die Buchstaben Q und W wurden nicht verwendet. L – 1985; M – 1986; .... X – 1995; Y – 1996; Z - 1997	

Die unten im Stempel stehende Ziffer ist das persönliche Zeichen des Mitarbeiters, der den Beschuss leitete und hat nichts mit dem Beschussdatum zu tun.

Wer den Lauf seines Gewehrs nicht aus dem Schaft nehmen will, findet in der folgenden Tabelle anhand der Seriennummer seiner Waffe eine grobe Orientierung, wann die Waffe hergestellt wurde. In der Tabelle steht die höchste dem Autor bekannte Seriennummer eines Beschussjahres.

	P/61	P/53	P/58	2-B.-Vol.	3-B. Vol.	Whitworth
1972						
1973	7982					
1974	8083	1524				
1975		1540	3563	36		
1976			4625	55		
1977	8362	4862	5215	474		
1978	8691			668		
1979	8859		6062	917		284
1980	9429			1140		
1981			6739	H 177		714
1982						
1983						
1984						
1986		6524	7343	H1368		
1987			7593	H1533	590	920
1988			7655		H 606	
1989			7927	H1756		
1990	10213	6844	7983		H1137	

Literatur

A Companion to the new Rifle Musket. – London: Parker, 1855.

Busk, Hans: The Rifle and how use it. – London: Routledge; Warne and Routledge; 1861.

Das Gewehr der Gegenwart und Zukunft. – Hannover: Helwing´sche Buchhandlung, 1883. – Bd. 1.

DeWitt, B.: British Small-Bore Rifles – Part One – The 451 Muzzleloaders.
In: Gun Digest, 27th Edition, S. 29 – 42.

Fadala, S.: The Gun Digest Black Powder Loading Manual. - Expanded 3. Ed.- DBI Books.

Finze, W.: Papierpatronen: für Musketen und Vorderlader-Dienstgewehre. – Norderstedt: Books on Demand, 2022.

Heaton: Notes on Rifle Shooting. – London: Longman, Green, Longman, Roberts, & Green, 1864.

Huggett, Jon: Knowing The Enfield – Pattern 1853 to Pattern 1865: Selbstverl. 2023 - 2024.
Vol. 1 – 2.

Manual of riflings and rifle sights, edited by Lieut.-Col Viscount Bury, M.P. for the National Rifle Association. – London, 1864.

Pistorius, C: Die praktische Schießkunst mit der Handfeuerwaffe, in Verbindung mit den Lehren vom Schießmateriale und von den Waffen, nebst dem Nothwendigsten aus der Jagdkunde für angehende Schützen, Militärs, Jäger und Jagdfreunde. - Stuttgart: Metzlersche Buchhandlung, 1860.

Plönnies, W. v.: Neue Studien über die gezogene Feuerwaffe der Infanterie. – Darmstadt: Zernien, 1861.

Rüstow, Caesar.: Die Kriegshandfeuerwaffen. – Berlin: Bath, 1857–1865.
Bd. 1. - 2.

Rüstow, Caesar.: Die neuesten gezogenen Feuerwaffen der europäischen Kriegsheere. – Leipzig: Spamer, 1863.

Sauer, Karl Theodor von: Grundriss der Waffenlehre. - München: Cotta, 1866.

Stutz, H.: Schwarzpulver einst und jetzt. – Norderstedt: Books on Demand, 2022.

Tennet. J.E.: The Story of the guns. – London, 1864.

Text book on the Theory of the Motion of Projectiles: the History, Manufacture and explosive Force of Gunpowder; the History of small Arms; the Method of Conducting Experiments; an on Ranges – London: ohne Jahr.

Treatise on Ammunition, corrected up to December 1877. - London: Printed under the Superintendence of Her Majesty´s Stationery Office.

Waffen-Digest 1987 – Stuttgart: Motorbuchverlag, 1987.

Waffen-Digest 1988 – Stuttgart: Motorbuchverlag, 1988.

Weltverband für das Vorderlader-Schießen – Regeln Dezember 2022.
(https://www.dsb.de/fileadmin/DSB.DE/PDF/ PDF_2022/Statuten_MLAIC_Regeln_2022.pdf)

Weygand, Hermann: Infanterie-Präzisionswaffen. – Leipzig: 1872.

Deutsches Waffenjournal

- Jahrgang 1973 Heft 9, S- 864 – 868: Parker Hale Enfield Musketoon Kaliber .577.
- Jahrgang 1977 Heft 3, S. 290 - 297: Volunteer Rifle Kaliber .451 von Parker Hale.

VISIER Jahrgang 2014, Heft 8, S. 68 – 75: Lang anhalten-
    der Nachruhm, Vorstellung der Repliken von Par-
    ker-Hale.

Vorderladermagazin Nr. 1, April – Juli 1978.